국어 실력으로 이어지는 수(秀) 한자

2급 하

국어 실력으로 이어지는 수(秀) 한자: 2급 하

발행일	2019년 7월 30일

지은이	최동석		
펴낸이	손형국		
펴낸곳	(주)북랩		
편집인	선일영	편집	오경진, 강대건, 최승헌, 최예은, 김경무
디자인	이현수, 김민하, 한수희, 김윤주, 허지혜	제작	박기성, 황동현, 구성우, 장홍석
마케팅	김회란, 박진관, 조하라, 장은별		
출판등록	2004. 12. 1(제2012-000051호)		
주소	서울시 금천구 가산디지털 1로 168, 우림라이온스밸리 B동 B113, 114호		
홈페이지	www.book.co.kr		
전화번호	(02) 2026-5777	팩스	(02) 2026-5747

ISBN	979-11-6299-633-1 04710 (종이책)	979-11-6299-634-8 05710 (전자책)
	979-11-6299-611-9 04710 (세트)	

이 도서의 국립중앙도서관 출판예정도서목록(CIP)은 서지정보유통지원시스템 홈페이지(http://seoji.nl.go.kr)와
국가자료공동목록시스템(http://www.nl.go.kr/kolisnet)에서 이용하실 수 있습니다.
(CIP제어번호: CIP2019029594)

(주)북랩 성공출판의 파트너

북랩 홈페이지와 패밀리 사이트에서 다양한 출판 솔루션을 만나 보세요!

홈페이지 book.co.kr • **블로그** blog.naver.com/essaybook • **원고모집** book@book.co.kr

국어 실력으로
이어지는

秀 수

한자

최동석 지음

2급·下

북랩 book Lab

머리말

한자는 비단 한문을 잘 이해하기 위해서 익혀야 하는 글자가 아니다. 국어 어휘의 상당수가 한자어로 되어있는 현실을 직시한다면, 국어를 바르게 사용하기 위한 필수 과정이 한자를 익히는 과정이라 할 수 있다.

'약의 부작용'이라고 할 때 한글로만 적으면 정확한 의미가 와닿지 않아 '약의 잘못된 작용'으로 이해하기 쉽다. 하지만 '藥의 副作用'이라고 쓰면 '副(부)'자가 버금, 딸림의 의미로 금방 와닿아 약의 主作用(주작용) 외에 여러 부수적인 작용이라고 정확히 파악할 수 있다. 비아그라가 원래는 고혈압 치료제로 개발되었으나 副作用으로 발기부전치료제로 쓰이듯이 말이다.

또한 한자의 정확한 이해는 국어 생활을 더욱 풍부하게 해준다. 소식이라고 쓰면 단순히 적게 먹는 것으로 이해하기 쉬우나, 한자로 素食(소식)이라고 쓰면, '간소하게 먹는다'는 뜻으로도 쓸 수 있다. 이와 같이 한자의 사용은 국어 어휘 구사력을 높여 주어, 결국 국어에 대한 전반적인 능력을 업그레이드시킬 수 있게 해준다.

한국 사람이 사전 없이 책을 읽을 수 있는 것은 한자에 힘입은 바가 크다. 부자라는 단어만 알아도 부국, 부강, 부유 등의 어휘도 그 뜻을 유추할 수 있다. 전제 조건은 '富'가 '부유하다'는 의미라는 것을 알고 있느냐는 것이다. 그런데 만일 '부'의 의미를 정확히 모르면 그 외의 단어들도 그 의미를 잘못 파악하기 쉽다.

그렇다면 어떻게 한자를 익혀야 하는가?

한자는 부수 요소와 부수 외 요소가 있고, 부수별로 분류하여 외우는 것이 단순히 가나다의 순서로 외우는 것보다 훨씬 체계적이고 이해도 빠르다. 또한 한자만의 독특한 제자원리가 있으니 象形(상형), 指事(지사), 會意(회의), 形聲(형성), 假借(가차), 轉注(전주)가 바로 그것이다.

1. 象形(상형)
사물의 모양[形(형)]을 있는 그대로 본떠서 한자를 만드는 방법이다.
예: 土(토), 山(산) 등

2. 指事(지사)
숫자나 위치, 동작 등과 같의 구체적인 모양이 없는 것을 그림이나 부호 등을 이용해 구체화시켜 한자를 만드는 방법이다.
예: 上(상), 下(하)

3. 會意(회의)
이미 만들어진 글자들에서 뜻과 뜻을 합해 새로운 뜻의 글자를 만드는 방법이다.
예: 男(남) = 田(전) + 力(력) → '男子(남자)는 밭[田]에서 힘[力]을 써서 일하는 사람'이라는 뜻이다.

4. 形聲(형성)

새로운 뜻의 글자를 만들기 위해서 이미 만들어진 글자를 이용하는 방법이다. 회의가 뜻과 뜻을 합하여 새로운 글자를 만들어 내는 방법임에 비해, 형성은 한 글자에서는 소리를 따오고 다른 글자에서는 모양을 따다가 그 모양에서 뜻을 찾아 새로운 뜻의 글자를 만드는 방법이다.

예: 江(강) : 氵[물] + 工(공)

　　河(하) : 氵[물] + 可(가)

5. 假借(가차)

이미 만들어진 한자에 모양이나 소리나 뜻을 빌려 새로 찾아낸 뜻을 대입해서 사용하는 방법이다.

예: 弗 1) 아니다, 2) 달러

　　佛 1) 어그러지다, 2) 부처

6. 轉注(전주)

모양이 다르고 뜻이 같은 두 개 이상의 글자가 서로 자음이 같거나, 모음이 같거나 혹은 자음과 모음이 같은 관계 때문에 그 글자들 사이에 아무런 구별 없이 서로 섞어 사용하는 방법을 말한다.

예: 老(로), 考(고)

본 교재는 위의 원리에 입각해서 저술되었다. 다만 한 글자의 제자원리에 대한 설이 여럿인 경우가 있다. 이런 경우 기억을 위해 편리한 설을 따랐다. 또한 너무 깊이 들어가서 '한자학습서'가 아닌 '한자연구서'가 되지 않도록 어려운 내용은 과감히 생략하였다.

현재 시중에 한자 학습서로 나와 있는 교재 중에 한자를 상세히 풀이하여 놓은 책이 많이 있다. 하지만 대다수가 자의적인 해설을 달아놓은 것이다.

본 교재는 정직하게 쓰려고 하였다. 아는 만큼 연구한 만큼만 쓰려고 하였고, 그럼에도 불구하고 역량의 부족함을 느낀 적도 많았음을 고백한다. 하지만 이제 정직한 한자 교재가 하나쯤 있어야 한다는 당위성에 위로를 받으며 집필을 마치고자 한다.

끝으로 각종 한자 시험에 응시하려는 이들은, 각 시험의 특징, 선정 한자의 出入(출입) 등을 파악하고 대비하기 위해서 본 교재를 학습한 후 반드시 문제집을 풀어 볼 것을 당부드린다.

2019년 7월

根巖 崔東石

목차

상

제1장

동물 관련 부수

제4장

사람 관련 부수-손

제5장

사람 관련 부수-입

목차

제13장

숫자와 필획 관련 부수

필순의 원칙

1. 왼쪽부터 오른쪽으로 쓴다.
예 外(외)　　ノ　ク　タ　列　外

2. 위에서 아래로 쓴다.
예 客(객)　　丶　丷　宀　宀　安　安　客　客

3. 가로획과 세로획이 교차될 때는 가로획을 먼저 쓴다.
예 木(목)　　一　十　才　木

4. 좌·우 대칭을 이루는 글자는 가운데를 먼저 쓰고 좌·우의 순서로 쓴다.
예 水(수)　　丿　기　가　水

5. 몸과 안으로 된 글자는 몸부터 쓴다.
예 內(내)　　丨　冂　冂　內

6. 가운데를 꿰뚫는 획은 맨 나중에 쓴다.
예 手(수)　　丿　기　가　水

7. 허리를 끊는 획은 맨 나중에 쓴다.
예 母(모)　　ㄴ　ㄐ　ㄐ　ㄐ　母

8. 삐침(丿)과 파임(乀)이 만날 때는 삐침을 먼저 쓴다.
예 父(부)　　丶　丷　分　父

9. 오른쪽 위의 점은 맨 나중에 찍는다.
예 成(성)　　丿　厂　厂　万　成　成　成

10. 받침으로 쓰이는 글자는 다음 두 가지로 구분한다.
* 달릴 주(走)나 면할 면(免)은 먼저 쓴다.
예 起(기)　　一　十　土　耂　耂　走　走　起　起　起

* 뛸 착, 갈 착(辶)이나 길게 걸을 인(廴)은 맨 나중에 쓴다.
예 道(도)　　丷　丷　丷　产　首　首　首　首　道　道　道　道

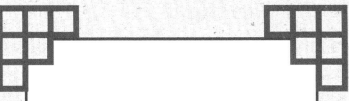

제7장
건물 관련 부수

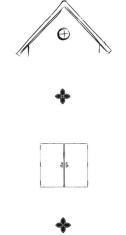

入 들 입

사람이 사는 주거지의 입구를 본뜬 글자로 보인다.

2급

1

兪 그럴 유
획수: **9** 부수: **入**   >>> 회의문자
亼 + 舟

3, 4급

2

兩 두 량
획수: **8** 부수: **入**   >>> 상형문자
저울추를 본뜬 글자

兩家(양가) / **兩立**(양립) / **兩者擇一**(양자택일) / **兩側**(양측) / **兩親**(양친)

120 宀 집 **면**

지붕과 두 기둥이 있는 집을 표현한 글자이다.

2급

1
寡 적을 **과**
획수: **14** 부수: 宀   >>> 회의문자

宀 + 頒[나눔] (→ 나누면 적어짐의 뜻)

寡默(과묵) 말수가 적음
寡婦(과부) 남편을 잃고 혼자 사는 여자
寡人(과인) 덕이 적은 사람. 임금이 자신을 낮추어 이르던 말

2
寬 너그러울 **관**
획수: **15** 부수: 宀   >>> 형성문자

宀 + 莧(완) (→ 莧의 전음이 음을 나타냄)

寬大(관대) 마음이 너그럽고 큼
寬容(관용) 너그럽게 용서함

3
寧 편안할 **녕**
획수: **14** 부수: 宀   >>> 회의문자

宀 + 皿[그릇] + 心[마음]
음식이 그릇에 수북이 있어 안심하고 살 수 있음의 뜻
뒤에 '丁(정)'이 첨가되었음

安寧(안녕) 몸이 건강하고 마음이 편안함

4 **寞** 고요할 **막**

획수: **14** 부수: 宀 　　　　　　　　　　　　　　　>>> 형성문자

宀 + 莫(막)

索寞(삭막) 황폐하여 쓸쓸한 모양
寂寞(적막) 고요하고 쓸쓸함

5 **寐** 잠잘 **매**

획수: **12** 부수: 宀 　　　　　　　　　　　　　　　>>> 형성문자

宀 + 爿 + 未(미) (→ 未의 전음이 음을 나타냄)

夢寐(몽매) 잠을 자며 꿈을 꿈
寤寐不忘(오매불망) 자나 깨나 잊지 못함

6 **宋** 송나라 **송**

획수: **7** 부수: 宀 　　　　　　　　　　　　　　　>>> 회의문자

宀 + 木

宋學(송학) 宋代(송대)의 儒學(유학), 곧 '性理學(성리학)'을 이름

7 **審** 살필 **심**

획수: **15** 부수: 宀 　　　　　　　　　　　　　　　>>> 회의문자

宀 + 釆[=番/ 분별함]

審問(심문) 자세히 밝혀 물음
審査(심사) 심사하고 의논함
審判(심판) 사건의 옳고 그름이나 경기의 승부 등을 밝히어 판정함, 또는 그
　　　　　일을 하는 사람

8 寓 붙어살 우

획수: **12** 부수: 宀   >>> 형성문자

宀 + 禺(우)

寓話(우화) 다른 사물에 빗대어 교훈이나 풍자의 뜻을 은연중에 나타내는 이
야기

9 宰 재상 **재**

획수: **10** 부수: 宀   >>> 회의문자

宀[관청] + 辛[죄인] (→ 관리가 관청에서 죄인을 재판함의 의미)

宰相(재상) 임금을 도와 모든 관원을 지휘하던 최고 관직
主宰(주재) 책임지고 맡아 처리함, 또는 그 사람

10 寂 고요할 **적**

획수: **11** 부수: 宀   >>> 형성문자

宀 + 叔(숙) (→ 叔의 전음이 음을 나타냄)

寂寞(적막) 고요하고 쓸쓸함
寂寂(적적) 외롭고 쓸쓸한 모양
靜寂(정적) 고요하여 괴괴함
閑寂(한적) 한가하고 고요함

11 寵 사랑할 **총**

획수: **19** 부수: 宀   >>> 형성문자

宀 + 龍(룡) (→ 龍의 전음이 음을 나타냄)

寵愛(총애) 남달리 귀여워하고 사랑함
恩寵(은총) ❶ 높은 사람에게서 받는 특별한 사랑
　　　　　　 ❷ 신이 인간에게 내리는 은혜

21

12 **寢** 잠잘 **침**

획수: **14** 부수: 宀   >>> 형성문자

宀 + 㑴(침)

寢具(침구) 잘 때에 쓰는 제구: 이부자리, 베개 따위
寢床(침상) 사람이 누워 자는 평상
寢食(침식) 자는 일과 먹는 일
就寢(취침) 잠자리에 듦

3, 4급

13 **客** 손 **객**

획수: **9** 부수: 宀   >>> 형성문자

宀 + 各(각) (→ 各의 전음이 음을 나타냄)

客席(객석) / **客地**(객지) / **顧客**(고객) / **觀客**(관객) / **政客**(정객) /
賀客(하객)

14 **官** 벼슬 **관**

획수: **8** 부수: 宀   >>> 형성문자

宀[집] + 𠂤[많은 사람] (→ 관청의 뜻)

官家(관가) / **官吏**(관리) / **官舍**(관사) / **官職**(관직) / **官廳**(관청) /
器官(기관)

15 **宮** 집 **궁**

획수: **10** 부수: 宀   >>> 상형문자

宀 + 呂 (→ '呂(려)'는 집과 집이 연결되어 있는 모습)

宮闕(궁궐) / **宮女**(궁녀) / **宮合**(궁합) / **子宮**(자궁) / **後宮**(후궁)

16 **寄** 부칠 **기**
획수: **11** 부수: 宀 >>> 형성문자
宀 + 奇(기)

寄附(기부) / **寄宿**(기숙) / **寄與**(기여) / **寄贈**(기증)

17 **密** 빽빽할 **밀**
획수: **11** 부수: 宀 >>> 형성문자
山 + 宓(밀)

密度(밀도) / **密林**(밀림) / **密使**(밀사) / **密約**(밀약) / **祕密**(비밀) /
親密(친밀)

18 **寶** 보배 **보**
획수: **20** 부수: 宀 >>> 회의문자
宀 + 玉 + 貝 + 缶[독]
집안에 보석과 화폐와 배가 부른 독이 있는 모양
합하여 '보배'의 뜻을 나타냄

寶庫(보고) / **寶物**(보물) / **寶石**(보석) / **國寶**(국보)

19 **富** 넉넉할 **부**
획수: **12** 부수: 宀 >>> 형성문자
宀 + 畐(복) (→ 畐의 전음이 음을 나타냄)

富强(부강) / **富國强兵**(부국강병) / **富益富**(부익부) / **甲富**(갑부) /
豊富(풍부)

20 **寫** 베낄 **사**
획수: **15** 부수: 宀 >>> 형성문자
宀 + 舃(사)

寫本(사본) / 寫眞(사진) / 模寫(모사) / 描寫(묘사) / 複寫(복사) /
筆寫(필사)

21 宣 베풀 선

획수: **9** 부수: 宀 　　　　　　　　　　　　　>>> 형성문자

宀 + 亘(선)

宣告(선고) / 宣誓(선서) / 宣言(선언) / 宣傳(선전) / 宣布(선포)

22 守 지킬 수

획수: **6** 부수: 宀 　　　　　　　　　　　　　>>> 회의문자

宀[관청] + 寸[법도] (→ 관리가 법도에 의하여 관직을 지킴의 의미)

守備(수비) / 守勢(수세) / 守株待兎(수주대토) / 守護(수호) / 保守(보수)

23 宿 잘 숙[1] / 별자리 수[2]

획수: **11** 부수: 宀 　　　　　　　　　　　　>>> 회의문자

宀 + 亻 + 百[돗자리]
집안에서 사람[亻]이 돗자리[百]를 깔고 누워서 쉰다는 의미

宿所(숙소) / 宿願(숙원) / 露宿(노숙) / 合宿(합숙) / 聖宿(성수)

24 實 열매 실

획수: **14** 부수: 宀 　　　　　　　　　　　　>>> 회의문자

宀 + 貫[끈으로 꿴 동전] (→ 집안에 재화가 가득함의 뜻)

實事求是(실사구시) / 實存(실존) / 實證(실증) / 實踐躬行(실천궁행) /
眞實(진실) / 充實(충실)

국어 실력으로 이어지는 수(秀) 한자: 2급 하

25 宴 잔치 **연**

획수: **10** 부수: 宀   >>> 회의문자

宀 + 妟[요염한 여자] (→ 주연을 베풀어 즐기는 뜻)

宴會(연회) / **酒宴**(주연) / **饗宴**(향연)

26 容 얼굴 **용**

획수: **10** 부수: 宀   >>> 형성문자

宀 + 谷(곡) (→ 谷의 전음이 음을 나타냄)

容納(용납) / **容貌**(용모) / **容恕**(용서) / **寬容**(관용) / **包容**(포용) /
許容(허용)

27 完 완전할 **완**

획수: **7** 부수: 宀   >>> 형성문자

宀 + 元(원) (→ 元의 전음이 음을 나타냄)

完結(완결) / **完了**(완료) / **完成**(완성) / **完譯**(완역) / **完治**(완치) /
補完(보완)

28 宇 집 **우**

획수: **6** 부수: 宀   >>> 형성문자

宀 + 于(우)

宇宙(우주)

29 宜 마땅할 **의**

획수: **8** 부수: 宀   >>> 상형문자

도마 위에 오른 고기 조각의 모양을 본뜬 모습

宜當(의당) / **便宜**(편의)

30 **寅** 셋째지지 **인**

획수: **11** 부수: 宀 >>> 회의문자

宀 + 大 + 臼

寅時(인시)

31 **定** 정할 **정**

획수: **8** 부수: 宀 >>> 형성문자

宀 + 正(정)

定石(정석) / **定員**(정원) / **定義**(정의) / **定着**(정착) / **限定**(한정) /
確定(확정)

32 **宗** 마루 **종**

획수: **8** 부수: 宀 >>> 회의문자

宀 + 示[신]
조상의 영혼을 모신 곳. 또는 제사를 지내는 일족의 장(長)의 뜻

宗家(종가) / **宗教**(종교) / **宗廟**(종묘) / **改宗**(개종)

33 **宙** 집 **주**

획수: **8** 부수: 宀 >>> 형성문자

宀 + 由(유) (→ 由의 전음이 음을 나타냄)

宇宙(우주)

34 **察** 살필 **찰**

획수: **14** 부수: 宀 >>> 형성문자

宀 + 祭(제) (→ 祭의 전음이 음을 나타냄)

監察(감찰) / **觀察**(관찰) / **考察**(고찰) / **省察**(성찰) / **診察**(진찰)

35 **宅** 집 택[1] / 댁 댁[2]

획수: **6** 부수: 宀 >>> 형성문자

宀 + 乇(탁) (→ 乇의 전음이 음을 나타냄)

宅地(택지) / **家宅**(가택) / **邸宅**(저택) / **住宅**(주택)

36 **寒** 찰 한

획수: **12** 부수: 宀 >>> 회의문자

宀 + 茻[풀] + 人 + 冫

寒氣(한기) / **寒波**(한파) / **大寒**(대한) / **小寒**(소한) / **惡寒**(오한) /
酷寒(혹한)

37 **害** 해칠 해[1] / 어찌 갈[2]

획수: **10** 부수: 宀 >>> 형성문자

宀 + 口 + 丰(개) (→ 丰의 전음이 음을 나타냄)

害惡(해악) / **害蟲**(해충) / **公害**(공해) / **百害無益**(백해무익) /
損害(손해) / **災害**(재해)

广 집 엄

한쪽에만 기둥이 있는 집을 표현한 글자이다.
广자를 부수로 삼는 한자는 흔히 작고 허름한 집과 관련된 뜻을 지닌다.

2급

1
廊 행랑 **랑**
획수: **13** 부수: **广**   　　　　　　　　　　　　　　　　>>> 형성문자
广 + 郎(랑)

舍廊(사랑) 바깥주인이 거처하며 손님을 접대하는 곳
畫廊(화랑) 그림 등 미술품을 전시해 놓은 시설이나 가게

2
廬 오두막집 **려**
획수: **19** 부수: **广**   　　　　　　　　　　　　　　　　>>> 형성문자
广 + 盧(로) (→ 盧의 전음이 음을 나타냄)

草廬(초려) ❶초가집
　　　　　 ❷'자기 집'의 낮춤말

3
廉 청렴할 **렴**
획수: **13** 부수: **广**   　　　　　　　　　　　　　　　　>>> 형성문자
广 + 兼(겸) (→ 兼의 전음이 음을 나타냄)

廉價(염가) 싼 값
廉恥(염치) 조촐하고 깨끗하여 부끄러움을 아는 마음
廉探(염탐) 남몰래 사정을 조사함

低廉(저렴) 물건 따위의 값이 쌈
清廉(청렴) 고결하고 물욕이 없음

4 **廟** 사당 **묘**
획수: **15** 부수: **广**　　　　　　　　　　>>> 형성문자
广 + 朝(조)　(→ 朝의 전음이 음을 나타냄)

宗廟(종묘) 역대 제왕과 왕비의 위패를 모신 사당

5 **庵** 초막 **암**
획수: **11** 부수: **广**　　　　　　　　　　>>> 형성문자
广 + 奄(엄)　(→ 奄의 전음이 음을 나타냄)

庵子(암자) ❶ 큰 절에 딸린 작은 절
　　　　　❷ 중이 임시로 머물며 수도하는 집

6 **庸** 떳떳할 **용**
획수: **11** 부수: **广**　　　　　　　　　　>>> 형성문자
庚 + 用(용)

庸劣(용렬) 어리석고 변변치 못함
登庸(등용) 인재를 뽑아 씀

7 **廳** 관청 **청**
획수: **25** 부수: **广**　　　　　　　　　　>>> 형성문자
广 + 聽(청)

廳舍(청사) 관청의 건물
官廳(관청) 국가의 사무(事務)를 맡아보는 기관

8 **廢** 폐할 **폐**

획수: **15** 부수: **广**　　　　　　　　　　　　　　　　　　　>>> 형성문자

广 + 發(발)

'發(발)'은 '망가지다'의 뜻

부서진 집의 뜻에서 '못 쓰게 되다'의 뜻을 나타냄

廢刊(폐간) 신문이나 잡지 따위의 간행을 폐지함
廢校(폐교) 학교를 폐지함
廢物(폐물) 아무 소용없게 된 물건
廢業(폐업) 영업을 그만둠
廢人(폐인) 병으로 몸을 망친 사람
廢墟(폐허) 건물이나 성곽(城郭) 따위가 파괴되어 황폐하게 된 터

3, 4급

9 **康** 편안할 **강**

획수: **11** 부수: **广**　　　　　　　　　　　　　　　　　　　>>> 형성문자

米 + 庚(경) (→ 庚의 전음이 음을 나타냄)

康衢煙月(강구연월) / **健康**(건강) / **小康**(소강)

10 **庚** 일곱째 천간 **경**

획수: **8** 부수: **广**　　　　　　　　　　　　　　　　　　　>>> 상형문자

절굿공이를 두 손으로 들어 올리는 모양을 형상함

庚時(경시)

11 **庫** 곳집 **고**

획수: **10** 부수: **广**　　　　　　　　　　　　　　　　　　　>>> 회의문자

广[집] + 車[수레] (→ 무기, 전차를 보관하는 곳을 뜻함)

金庫(금고) / **在庫**(재고) / **倉庫**(창고)

12

廣 넓을 **광**

획수: **15** 부수: **广** >>> 형성문자

广 + 黃(황) (→ 黃의 전음이 음을 나타냄)

廣告(광고) / **廣大**(광대) / **廣域**(광역) / **廣義**(광의) / **廣場**(광장)

13

府 마을 **부**

획수: **8** 부수: **广** >>> 형성문자

广 + 付(부)

政府(정부)

14

床 평상 **상**

획수: **7** 부수: **广** >>> 형성문자

广 + 木[牀(장)의 생략형] (→ 牀의 전음이 음을 나타냄)

起床(기상) / **病床**(병상) / **溫床**(온상)

15

序 차례 **서**

획수: **7** 부수: **广** >>> 형성문자

广 + 予(여) (→ 予의 전음이 음을 나타냄)

序論(서론) / **序幕**(서막) / **序列**(서열) / **序戰**(서전) / **秩序**(질서)

16

庶 여러 **서**

획수: **11** 부수: **广** >>> 회의문자

广 + 炗

庶民(서민) / **庶子**(서자)

17

底 밑 저
획수: **8** 부수: **广**   >>> 형성문자

广 + 氏(저)

底力(저력) / **底意**(저의) / **基底**(기저) / **海底**(해저)

18

店 가게 점
획수: **8** 부수: **广**   >>> 형성문자

广 + 占(점)

店員(점원) / **露店**(노점) / **書店**(서점) / **支店**(지점)

19

庭 뜰 정
획수: **10** 부수: **广**   >>> 형성문자

广 + 廷(정)

庭園(정원) / **家庭**(가정) / **校庭**(교정) / **親庭**(친정)

20

座 자리 좌
획수: **10** 부수: **广**   >>> 형성문자

广 + 坐(좌)
'坐'는 앉다의 뜻. 가옥 안의 앉는 장소의 뜻을 나타냄

坐不安席(좌불안석) / **坐視**(좌시) / **對坐**(대좌) / **連坐**(연좌)

122

戶 지게 호

나무 기둥에 한 짝의 문이 달린 모양을 표현한 글자이다.
戶자 부수에 속하는 한자는 일반적으로 문과 관련된 뜻을 지닌다.

2급

1
扁 치우칠 편¹ / 현판 편²
획수: **9** 부수: **戶**   >>> 회의문자
戶 + 冊 (→ 대문에 다는 대나무 패의 뜻)

扁桃腺(편도선) 사람 목구멍 안쪽에 있는, 복숭아 모양의 림프 조직
扁舟(편주) 작은 배

3, 4급

2
房 방 방
획수: **8** 부수: **戶**   >>> 형성문자
戶 + 方(방)

房貰(방세) / **暖房**(난방) / **獨房**(독방)

3
戶 지게 호
획수: **4** 부수: **戶**   >>> 상형문자

戶口(호구) / **戶籍**(호적) / **戶主**(호주)

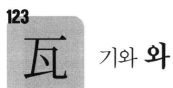

123

기와 **와**

지붕에 잇닿아 놓여있는 기와를 표현한 글자이다.

3, 4급

1 **瓦** 기와 **와**

획수: **5** 부수: **瓦**　　　　　　　　　　　　　　　>>> 상형문자

瓦解(와해)

124 門 문 문

마주 선 기둥에 각기 한 짝씩 달려 있는 문을 표현한 글자이다.
門자 부수에 속하는 한자의 뜻은 대개 문의 종류나 상태와 관련이 있다.

2급

1
閣 누각 각
획수: **14** 부수: **門**   >>> 형성문자
門 + 各(각)

閣僚(각료) 내각(內閣)을 구성하는 각부의 장관들
內閣(내각) 국가의 행정을 담당하는 중심 기관
樓閣(누각) 높은 다락집

2
闕 대궐 궐
획수: **18**부수: **門**   >>> 형성문자
門 + 欮(궐)

大闕(대궐) 임금이 거처하며 정사를 보던 집
補闕(보궐) ❶ 빈자리를 채움
            ❷ 결점을 보충함
入闕(입궐) 대궐로 들어감

3
閨 안방 규
획수: **14** 부수: **門**   >>> 형성문자
門 + 圭(규)

閨房(규방) 부녀자가 거처하는 방
閨秀(규수) ❶ 남의 집 처녀를 점잖게 이르는 말
❷ 학문과 재주가 뛰어난 여자

4   閔 근심할 **민**
획수: **12** 부수: **門**   >>> 형성문자
門 + 文(문) (→ 文의 전음이 음을 나타냄)

憫然(민연) ❶ 근심하는 모양
❷불쌍히 여기는 모양

5   閥 문벌 **벌**
획수: **14** 부수: **門**   >>> 형성문자
門 + 伐(벌)

門閥(문벌) 대대로 이어 내려온 그 집안의 지체
財閥(재벌) 큰 세력을 가진 기업가의 무리 또는 대 자본가의 집단
派閥(파벌) 이해관계에 따라 갈라진 사람들의 집단
學閥(학벌) ❶ 출신 학교의 지체
❷ 같은 학교의 출신자로 이루어진 파벌(派閥)

6   閃 번쩍거릴 **섬**
획수: **10** 부수: **門**   >>> 회의문자
門 + 人[사람]
문 속에 있는 사람을 흘끗 봄의 뜻. 전하여 '번쩍거림'의 의미가 되었다

閃光(섬광) 번쩍 빛나는 빛

7   閱 살펴볼 **열**
획수: **15** 부수: **門**   >>> 형성문자
門 + 兌(태) (→ 兌의 전음이 음을 나타냄)

閱覽(열람) 책, 신문 등을 훑어봄
檢閱(검열) 검사하여 살펴봄
校閱(교열) 문서나 책의 어구 또는 글자의 잘못을 교정하고 검열함

8   閏 윤달 윤
획수: **12** 부수: **門**   >>> 회의문자
門 + 王[왕] (→ 옛날 윤달에는 왕이 문안에 있는 관습이 있었다)

閏年(윤년) 윤달이 드는 해

3, 4급

9   關 빗장 관
획수: **19** 부수: **門**   >>> 형성문자
門 + 絲(관)

關鍵(관건) / 關係(관계) / 關稅(관세) / 關與(관여) / 聯關(연관)

10   閉 닫을 폐
획수: **11** 부수: **門**   >>> 회의문자
門 + 才 (→ 才는 문을 닫을 때 쓰는 빗장을 그린 것이다)

閉講(폐강) / 閉業(폐업) / 閉會(폐회) / 密閉(밀폐)

11   閑 한가할 한
획수: **12** 부수: **門**   >>> 회의문자
門 + 木[나무]
문 안에 있는 횡목 칸막이의 뜻. 뒤에 전하여 '한가하다'의 의미가 되었다

閑暇(한가) / 閑散(한산) / 閑寂(한적) / 等閑(등한) / 忙中閑(망중한)

제8장
무기 관련 부수

003

刀 칼 도

刂 선칼도

칼을 표현한 글자이다.

刀자가 다른 글자에 덧붙여질 때는 刂의 형태로도 쓰이는데, '선칼도'라고 한다. 刀(刂)자 부수에 속하는 한자는 대부분 칼로 베는 동작이나 칼을 사용하는 활동과 관련된 뜻을 지닌다.

2급

1

剛 굳셀 강

획수: **10** 부수: **刀**　　　　　　　　　　　　　　　　>>> 형성문자

刂 + 岡(강)

剛健(강건) 기력이 좋고 건강함

剛斷(강단) ❶ 강기 있게 결단하는 힘

　　　　　❷ 어려움을 꿋꿋이 견디는 힘

剛直(강직) 마음이 굳세고 곧음

外柔內剛(외유내강) 겉으로 보기에는 부드러우나 속은 강함

2

劇 심할 극

획수: **15** 부수: **刀**　　　　　　　　　　　　　　　　>>> 형성문자

刂 + 豦(거) (→ 豦의 전음이 음을 나타냄)

極烈(극렬) 정도에 지나치게 맹렬함

劇本(극본) 연극이나 방송극의 대본(臺本)

劇藥(극약) 잘못 사용하면 생명이 위태롭게 되는 위험한 약

演劇(연극) 배우가 연출자의 지도를 받아 각본대로 무대 위에서 표현하는 종합 예술

喜劇(희극) 익살, 풍자로 인생을 경쾌한 측면에서 표현하는 연극

3 **刺** 어그러질 **랄**[1] / 수라 **라**[2]

획수: **9** 부수: **刀**　　　　　　　　　　　　　>>> 회의문자

束[다발] + 刂 (→ 다발을 잘라냄의 뜻)

潑剌(발랄) ❶ 고기가 물에서 뛰는 모양

　　　　　 ❷ 표정, 행동 따위가 밝고 활기 있음

水剌(수라) 임금이 먹는 밥

4 **劉** 성 **류**

획수: **15** 부수: **刀**　　　　　　　　　　　　>>> 형성문자

金 + 刂 + 卯(류)

5 **剖** 쪼갤 **부**

획수: **10** 부수: **刀**　　　　　　　　　　　　>>> 형성문자

刂 + 咅(부)

剖檢(부검) 시체를 해부(解剖)하여 죽은 원인을 검사하는 일
剖棺斬屍(부관참시) 지난날, 죽은 뒤에 큰 죄가 드러났을 때, 죄인의 관을 쪼
　　　　　 개고 목을 베던 극형
解剖(해부) 생물체의 한 부분 또는 전체를 쪼개거나 쪼개어 헤침

6 **削** 깎을 **삭**

획수: **9** 부수: **刀**　　　　　　　　　　　　　>>> 형성문자

刂 + 肖(초) (→ 肖의 전음이 음을 나타냄)

削減(삭감) 깎고 줄임
削髮(삭발) 머리를 박박 깎음
削除(삭제) ❶ 깎아서 없앰

　　　　　 ❷ 지워 버림
添削(첨삭) 보충(補充)하거나 삭제(削除)함

7 **刃** 칼날 **인**
획수: **3** 부수: **刀**   >>> 지사문자
칼에 、을 찍어 날이 있는 곳을 가리킴

刃傷(인상) 칼날 따위에 다침 또는 그 상처
自刃(자인) 칼로 자기 목숨을 끊음

8 **刺** 찌를 **자**¹ / 칼로 찌를 **척**²
획수: **8** 부수: **刀**   >>> 회의문자
刂 + 束[나무에 가시가 있는 모양] (→ 찌름의 뜻)

刺客(자객) 사람을 몰래 찔러 죽이는 사람
刺戟(자극) ❶ 어떤 반응이나 작용이 일어나게 함
         ❷ 흥분시키는 일
刺殺(척살) 칼로 찔러 죽임
諷刺(풍자) 빗대거나 비유하는 말로 남의 결점을 찌름

9 **劑** 약 지을 **제**
획수: **16** 부수: **刀**   >>> 형성문자
刂 + 齊(제)

洗劑(세제) 몸, 기구, 의류 등에 묻은 물질을 씻어 내는데 쓰이는 약제
藥劑(약제) 여러 가지 약재(藥材)를 섞어서 지은 약
調劑(조제) 약재를 조합하여 약을 지음

10 **刹** 절 **찰**
획수: **9** 부수: **刀**   >>> 형성문자
刂 + 㡿(살) (→ 㡿의 전음이 음을 나타냄)

刹那(찰나) 범어 'ksana'의 음역(音譯). 매우 짧은 시간
古刹(고찰) 오래된 절
寺刹(사찰) 절

11

割 나눌 할

획수: **12** 부수: **刀**　　　　　　　　　>>> 형성문자

刂 + 害(해) (→ 害의 전음이 음을 나타냄)

割據(할거) 땅을 나누어 차지하여 세력권을 이룸
割當(할당) 몫을 나누어 분배함
割愛(할애) 아끼는 것을 내어 주거나 나누어 줌
割引(할인) 일정한 값에서 얼마를 싸게 함
分割(분할) 둘 또는 여럿으로 나눔

3, 4급

12

刻 새길 각

획수: **8** 부수: **刀**　　　　　　　　　>>> 형성문자

刂 + 亥(해) (→ 亥의 전음이 음을 나타냄)

刻苦(각고) / **刻骨難忘**(각골난망) / **刻印**(각인) / **刻舟求劍**(각주구검) /
深刻(심각) / **正刻**(정각)

13

刊 책펴낼 간

획수: **5** 부수: **刀**　　　　　　　　　>>> 형성문자

刂 + 干(간)

刊行(간행) / **季刊**(계간) / **發刊**(발간) / **新刊**(신간) / **廢刊**(폐간)

14

劍 칼 검

획수: **15** 부수: **刀**　　　　　　　　　>>> 형성문자

刂 + 僉(첨) (→ 僉의 전음이 음을 나타냄)

劍客(검객) / **劍道**(검도) / **劍術**(검술)

15 券 문서 권

획수: **8** 부수: **刀** >>> 형성문자

刀 + 龹(권)

旅券(여권) / **債券**(채권)

16 到 이를 도

획수: **8** 부수: **刀** >>> 형성문자

至 + 刂(도)

到達(도달) / **到來**(도래) / **到着**(도착) / **到處**(도처)

17 列 벌일 렬

획수: **6** 부수: **刀** >>> 형성문자

刂 + 歹(알) (→ 歹의 전음이 음을 나타냄)

列强(열강) / **列擧**(열거) / **列島**(열도) / **序列**(서열) / **陳列**(진열)

18 副 버금 부

획수: **11** 부수: **刀** >>> 형성문자

刂 + 畐(복) (→ 畐의 전음이 음을 나타냄)

副賞(부상) / **副審**(부심) / **副業**(부업) / **副作用**(부작용) / **正副**(정부)

19 刷 인쇄할 쇄

획수: **8** 부수: **刀** >>> 형성문자

刂 + 㕞(쇄) (→ 㕞의 생략형이 음을 나타냄)

刷新(쇄신) / **印刷**(인쇄)

20 **切** 끊을 절[1] / 모두 체[2]

획수: **4** 부수: **刀** >>> 형성문자

刀 + 七(칠) (→ 七의 전음이 음을 나타냄)

切斷(절단) / **切迫**(절박) / **切磋琢磨**(절차탁마) / **切齒腐心**(절치부심) / **切親**(절친) / **品切**(품절)

21 **制** 억제할 제

획수: **8** 부수: **刀** >>> 회의문자

刂 + 未

未(미)는 나뭇가지가 겹쳐진 나무의 상형
작은 가지가 있는 나무를 칼로 끊어냄의 뜻

制度(제도) / **制服**(제복) / **制裁**(제재) / **制定**(제정) / **制霸**(제패) / **制限**(제한)

22 **創** 비롯할 창

획수: **12** 부수: **刀** >>> 형성문자

刂 + 倉(창)

創團(창단) / **創立**(창립) / **創案**(창안) / **創作**(창작) / **創造**(창조) / **初創**(초창)

23 **初** 처음 초

획수: **7** 부수: **刀** >>> 회의문자

衣[옷] + 刀 (→ 재단을 하는 것은 옷을 만드는 처음의 일이라는 뜻)

初面(초면) / **初步**(초보) / **初有**(초유) / **初志一貫**(초지일관) / **年初**(연초) / **最初**(최초)

24 則 곧 즉¹ / 법 칙²

획수: **9** 부수: **刀**   >>> 회의문자

貝[조개→ 재물] + 刂

물건을 공평하게 분할함의 뜻. 전하여 법칙의 의미가 되었다

規則(규칙) / **法則**(법칙) / **原則**(원칙) / **鐵則**(철칙)

25 判 판단할 **판**

획수: **7** 부수: **刀**   >>> 형성문자

刂 + 半(반) (→ 半의 전음이 음을 나타냄)

判決(판결) / **判斷**(판단) / **判別**(판별) / **判定**(판정) / **批判**(비판) /
裁判(재판)

26 刑 형벌 **형**

획수: **6** 부수: **刀**   >>> 형성문자

刂 + 开(견) (→ 开의 전음이 음을 나타냄)

刑量(형량) / **刑罰**(형벌) / **刑法**(형법) / **刑事**(형사) / **極刑**(극형)

27 劃 그을 **획**

획수: **14** 부수: **刀**   >>> 형성문자

刂 + 畫(획)

劃期的(획기적) / **劃定**(획정) / **區劃**(구획)

127

匕 비수 비

끼[칼 도]자와 방향만 바뀐 칼의 모습을 표현한 글자이다.

2급

1

匕 비수 **비**

획수: **2** 부수: **匕**   >>> 상형문자

匕首(비수) 썩 잘 드는 단도(短刀)

3, 4급

2

化 화할 **화**

획수: **4** 부수: **匕**   >>> 회의문자

亻 + 匕

바로 선 사람과 거꾸로 선 사람을 합친 글자. 사물이 변함을 뜻함

化石(화석) / **化學**(화학) / **敎化**(교화) / **變化**(변화)

土 선비 사

옛날에 권위를 드러내는 도구로 사용된 도끼를 표현한 글자이다.
예전에 도끼는 죄인이나 포로에게 벌을 줄 때에 사용된 도구로, 신분이
높은 사람의 권위를 드러내는 물건이었다.

2급

1 **壹** 한 일
획수: **12** 부수: **土**　　　　　　　　　　　　　　　　　>>> 형성문자
壺 + 吉(길) (→ 吉의 전음이 음을 나타냄)

3, 4급

2 **壽** 목숨 수
획수: **14** 부수: **土**　　　　　　　　　　　　　　　　　>>> 형성문자

壽命(수명) / **壽福康寧**(수복강녕) / **壽石**(수석) / **長壽**(장수) / **天壽**(천수)

129

干 방패 간

끝에 갈라진 가지가 있어 적을 공격할 수도 있는 모양의 방패를 표현한 글자이다.

2급

1

幹 줄기 간

획수: **13** 부수: **干** >>> 형성문자

斡의 속자. 木 + 倝(간)

幹部(간부) 단체의 우두머리가 되는 사람들
幹線(간선) 철도, 도로 등의 중요한 선로
骨幹(골간) 사물의 핵심
根幹(근간) ❶ 뿌리와 줄기
　　　　　　❷ 사물에서 가장 중심이 되는 부분
基幹(기간) 일정한 부문에서 기본이나 기초가 되는 중요한 부분

2

幷 아우를 병

획수: **8** 부수: **干** >>> 상형문자

사람을 늘어 세워 연결한 모양. 합치다의 뜻을 나타냄

幷呑(병탄) 아울러 삼킴. 아울러서 모두 자기 것으로 함
幷合(병합) 합하여 하나로 함

3 干 방패 **간**

획수: **3** 부수: 干 >>> 상형문자

干滿(간만) / 干潟地(간석지) / 干涉(간섭) / 干與(간여) / 干支(간지)

4 平 평평할 **평**

획수: **5** 부수: 干 >>> 상형문자

물의 평면에 뜬 수초(水草)의 상형으로 '평평하다'의 뜻을 나타냄

平均(평균) / 平穩(평온) / 平原(평원) / 平易(평이) / 平和(평화) /
公平(공평)

130 弋 주살 익

줄을 매다는 말뚝을 표현한 글자이다. 그러다가 줄이 매달린 화살을 뜻하게 되었다. 옛날에는 줄이 매달린 화살을 쏘아 먼 거리에 있는 새와 같은 짐승을 잡았다.

2급

1

弑 죽일 시

획수: **13** 부수: 弋　　　　　　　　　　　　>>> 형성문자

杀[殺의 생략형] + 式(식) (→ 式의 전음이 음을 나타냄)

弑害(시해) 부모나 임금을 죽임

131 弓 활 궁

활을 표현한 글자이다.
弓자 부수에 속하는 한자는 흔히 활 또는 화살을 쏘는 동작과 관련된
뜻을 지닌다.

2급

1 弗 아닐 불
획수: **5** 부수: **弓**　　　　　　　　　　　　　　　　　>>> 회의문자
끈으로 매어도 물건이 뒤로 젖히는 모양에 의하여 돌아온다는 뜻을 나타냄

弗素(불소) 치약 등에 넣는 할로겐 원소의 한 가지
弗貨(불화) 달러를 단위로 하는 화폐

2 弼 도울 필
획수: **12** 부수: **弓**　　　　　　　　　　　　　　　　>>> 형성문자
弜을 바탕으로 '百(필)'이 음을 나타냄

輔弼(보필) 임금의 정사(政事)를 도움, 또는 그 사람

3 弦 시위 현
획수: **8** 부수: **弓**　　　　　　　　　　　　　　　　　>>> 형성문자
弓 + 玄(현)

弦矢(현시) 활시위와 화살
上弦(상현) 음력 7, 8일 무렵의 달의 상태. 반달모양임. 활시위 모양이 위를
　　　　　향하고 있는데서 온 말

4

弓 활 궁

획수: **3** 부수: **弓**　　　　　　　　　　　>>> 상형문자

활을 본떠서 만든 글자

弓術(궁술) / **洋弓**(양궁)

5

引 당길 **인**

획수: **4** 부수: **弓**　　　　　　　　　　　>>> 지사문자

丨은 弓[활]을 잡아 당김의 뜻

引率(인솔) / **引受**(인수) / **引用**(인용) / **引出**(인출) / **誘引**(유인) / **割引**(할인)

6

張 베풀 **장**[1] / 뽐낼 **장**[2]

획수: **11** 부수: **弓**　　　　　　　　　　　>>> 형성문자

弓 + 長(장)

張本人(장본인) / **張皇**(장황) / **誇張**(과장) / **主張**(주장) / **擴張**(확장)

7

弔 조상할 **조**[1] / 이를 **적**[2]

획수: **4** 부수: **弓**　　　　　　　　　　　>>> 회의문자

弓 + 亻[사람] (→ 옛날 장례에서는 사람이 활을 가지고 갔기 때문임)

弔問(조문) / **弔喪**(조상) / **弔意**(조의) / **慶弔**(경조) / **謹弔**(근조)

8

彈 탄알 **탄**

획수: **15** 부수: **弓**　　　　　　　　　　　>>> 형성문자

弓 + 單 (→ 單의 전음이 음을 나타냄)

彈道(탄도) / **彈壓**(탄압) / **彈劾**(탄핵) / **彈丸**(탄환) / **指彈**(지탄) / **砲彈**(포탄)

弘 넓을 홍

획수: **5** 부수: **弓**

>>> 형성문자

弓 + 厶(사) (→ 厶의 전음이 음을 나타냄)

弘報(홍보) / **弘益**(홍익)

132

戈 창 과

가늘고 긴 자루에 달린 창을 표현한 글자이다.

2급

1

戈 창 과
획수: **4** 부수: **戈**   >>> 상형문자

干戈(간과) ❶ 방패와 창. 곧, 무기
           ❷ 전쟁

2

戴 일 대
획수: **17** 부수: **戈**   >>> 형성문자
'𢦏(재)'의 전음이 음을 나타냄

戴冠(대관) 관을 씀
不俱戴天(불구대천) 함께 한 하늘을 이고 살 수 없음. '원한이 깊이 사무친
                    원수'를 이름
推戴(추대) 윗사람으로 떠받듦

3

戍 지킬 수
획수: **6** 부수: **戈**   >>> 회의문자
(人) + 戈 (→ 사람[人]이 무기[戈]를 들고 지킴의 뜻)

戍兵(수병) 국경을 지키는 병사
衛戍(위수) 군대가 일정한 지역 안에서 규율과 질서를 유지하기 위해 수행하
                는 경비

4

戚 겨레 척

획수: **11** 부수: **戈**   >>> 형성문자

戌 + 尗(숙) (→ 尗의 전음이 음을 나타냄)

外戚(외척) ❶ 외가(外家)쪽의 친척
　　　　　 ❷ 성이 다른 친척
姻戚(인척) 혈연관계가 없으나 혼인으로 맺어진 친족
親戚(친척) ❶ 친족과 외척
　　　　　 ❷ 가까운 척분(戚分). '고종, 이종' 따위

5

戲 희롱할 희[1] / 탄식할 호[2]

획수: **16** 부수: **戈**   >>> 형성문자

戈 + 虛(허) (→ 虛의 전음이 음을 나타냄)
cf) 戯는 戲의 原字(원자)

戲曲(희곡) ❶ 인물의 대사와 행동으로 표현되는 문학작품
　　　　　 ❷ 상연을 목적으로 쓰인 연극의 대본
戲弄(희롱) 말이나 행동으로 실없이 놀리는 일
遊戲(유희) 일정한 방법에 의하여 재미있게 노는 놀이
於戲(오호) 감탄하거나 탄미(歎美)할 때 내는 소리

3, 4급

6

戒 경계할 계

획수: **7** 부수: **戈**   >>> 회의문자

戈 + 廾
'廾(공)'은 좌우의 손의 상형. 무기[戈]를 양손에 들고 경계하다의 뜻

戒嚴(계엄) / **戒律**(계율) / **警戒**(경계) / **齋戒**(재계) / **破戒**(파계)

7

戊 다섯째 천간 무

획수: **5** 부수: **戈**   >>> 상형문자

도끼날이 달린 창[戈]의 모양을 본떴음

가차(假借)하여 十干(십간)의 5位로 씀

戊夜(무야)

8

戌 열한째지지 술

획수: **6** 부수: **戈**   >>> 형성문자

戌 + 一(일) (→ 一의 전음이 음을 나타냄)

戌時(술시)

9

我 나 아

획수: **7** 부수: **戈**   >>> 회의문자

手 + 戈 (→ 무기[戈]를 손[手]에 들고 내 몸을 지킴의 뜻)

我軍(아군) / **我田引水**(아전인수) / **我執**(아집) / **沒我**(몰아) / **自我**(자아)

10

戰 싸울 전

획수: **16** 부수: **戈**   >>> 형성문자

戈 + 單(선) (→ 單의 전음이 음을 나타냄)

戰死(전사) / **戰術**(전술) / **戰爭**(전쟁) / **戰戰兢兢**(전전긍긍) /
奮戰(분전) / **接戰**(접전)

11

或 혹 혹

획수: **8** 부수: **戈**   >>> 회의문자

囗[영역] + 戈 (→ 구획을 지어 둘러싸 지킴의 뜻)

或是(혹시) / **或者**(혹자) / **間或**(간혹) / **設或**(설혹)

133

도끼 **근**

굵은 자루에 뾰족한 날이 달려있는 도끼를 표현한 글자이다.

2급

1
斬 벨 **참**
획수: **11** 부수: **斤** >>> 회의문자
車 + 斤

斬首(참수) 목을 베어 죽임
斬新(참신) 매우 새로움

2
斥 물리칠 **척**
획수: **5** 부수: **斤** >>> 지사문자
도끼[斤]의 날에 물체가 부서진 것[丶]을 표시한 것

斥邪(척사) ❶ 요사스러운 것을 물리침
❷ 사교(邪教)를 물리침
斥和(척화) 화의(和議)를 물리침
排斥(배척) 반대하여 물리침

3, 4급

3
斤 도끼 **근**
획수: **4** 부수: **斤** >>> 상형문자

斷 끊을 단¹ / 결단할 단²

획수: **18** 부수: **斤**　　　　　　　　　　>>> 회의문자

㡭 + **斤**

'**㡭**(절)'은 이어진 실을 본뜬 것. '**斤**(근)'은 도끼의 상형

연결된 것을 끊다의 뜻을 나타냄

斷切(단절) / **斷定**(단정) / **斷罪**(단죄) / **斷行**(단행) / **決斷**(결단) /
獨斷(독단)

斯 이 사

획수: **12** 부수: **斤**　　　　　　　　　　>>> 회의문자

其 + **斤**

其(기)는 키의 상형

키질해서 가르다의 뜻. 가차하여 '이것'의 뜻이 되었다

斯文亂賊(사문난적)

134 矛 창 모

긴 자루위에 뾰족하고 날카로운 날이 달려 있는 창을 표현한 글자이다.

2급

1 矜 자랑할 긍

획수: **9** 부수: **矛**   >>> 형성문자

矛 + 今(금) (→ 今의 전음이 음을 나타냄)

矜持(긍지) 자신(自信)하는 바가 있어 스스로 자랑하는 마음
矜恤(긍휼) 가엾게 여겨 도움
自矜(자긍) 스스로 자랑스럽게 생각함, 또는 긍지(矜持)를 가짐

2 矛 창 모

획수: **5** 부수: **矛**   >>> 상형문자

矛盾(모순) ❶ 창과 방패
❷ '말이나 행동의 앞뒤가 서로 맞지 않음'의 비유

135 矢 화살 시

화살을 표현한 글자이다.

2급

1

矯 바로잡을 교

획수: **17** 부수: **矢**   >>> 형성문자

矢 + 喬(교)

矯角殺牛(교각살우) 굽은 쇠뿔을 바로잡으려다 소를 죽임. '흠을 고치려다 도
리어 그르침'을 이름

矯正(교정) 바로잡아 고침

2

矢 화살 시

획수: **5** 부수: **矢**   >>> 상형문자

矢言(시언) 맹세하는 말
嚆矢(효시) 소리를 내면서 나가는 화살. '일의 시작'의 비유

3, 4급

3

矣 어조사 **의**

획수: **7** 부수: **矢**   >>> 형성문자

矢 + 厶[=以(이)] (→ 厶의 전음이 음을 나타냄)

萬事休矣(만사휴의)

제 8 장 무기 관련 부수

61

知 알 지

4

획수: **8** 부수: **矢**   >>> 회의문자

口 [입 구] + 矢
사람의 말을 듣고 화살처럼 거침없이 깨달음의 의미

知性(지성) / **知識**(지식) / **知彼知己**(지피지기) / **知慧**(지혜) / **熟知**(숙지) /
親知(친지)

136

至 이를 지

화살이 땅에 이르러 꽂힌 모습을 표현한 글자이다.

2급

1

臺 돈대 대

획수: **14** 부수: **至**   >>> 회의문자

高의 생략형 + 至

사방을 바라보기 위한 높은 건물. 至는 사람이 머무르는 곳의 뜻

臺詞(대사) 각본(脚本)에 따라 배우가 무대에서 하는 말
舞臺(무대) 공연을 하기 위하여 마련한 자리

3, 4급

2

至 이를 지

획수: **6** 부수: **至**   >>> 상형문자

至毒(지독) / **至誠**(지성) / **冬至**(동지) / **夏至**(하지)

3

致 이를 치

획수: **10** 부수: **至**   >>> 형성문자

至 + 夂(치)

'夂(치)'는 아래를 향한 발의 상형. '되돌아오다'의 뜻

致富(치부) / **致死**(치사) / **景致**(경치) / **韻致**(운치) / **誘致**(유치)

137 車 수레 거 / 차

수레를 표현한 글자이다. 수레에서 가장 중요한 부분인 바퀴를 중심으로 나타내었다.
車자 부수에 속하는 한자는 일반적으로 수레와 관련이 있는 뜻을 지닌다.

2급

1
軌 바퀴자국 **궤**
획수: **9** 부수: **車**   >>> 형성문자
車 + 九(구) (→ 九의 전음이 음을 나타냄)

軌道(궤도) ❶ 물체가 일정한 법칙에 따라 운동할 때 그리는 경로(經路)
❷ 기차나 전차 따위가 달리는 길
軌跡(궤적) ❶ 수레바퀴가 지나간 자국
❷ 선인(先人)의 행적

2
輔 도울 **보**
획수: **14** 부수: **車**   >>> 형성문자
車 + 甫(보)

輔國安民(보국안민) 나라일을 돕고 백성을 편안하게 함
輔佐(보좌) 윗사람 곁에서 그의 사무를 도움
輔弼(보필) 임금의 정사를 도움

3
輿 수레 **여**
획수: **17** 부수: **車**   >>> 형성문자
車 + 舁(여)

국어 실력으로 이어지는 수(秀) 한자: 2급 하

興論(여론) 사회 대중의 공통된 의견
興望(여망) 여러 사람의 기대
喪輿(상여) 시체를 묘지까지 실어 나르는, 가마처럼 생긴 제구(祭具)

4 **軟** 연할 **연**
획수: **11** 부수: **車**　　　　　　　　　　>>> 형성문자
本字(본자)는 輭
車 + 㪣(연)

軟骨(연골) 동물의 뼈 중에 비교적 연한 뼈. 물렁뼈
軟弱(연약) 연하고 약함
柔軟(유연) 부드럽고 연함

5 **載** 실을 **재**[1] / 일 **대**[2]
획수: **13** 부수: **車**　　　　　　　　　　>>> 형성문자
車 + 㦰(재)

揭載(게재) 신문 따위에 글이나 그림을 실음
記載(기재) 문서에 기록하여 실음
連載(연재) 신문, 잡지 등에 소설이나 만화 따위를 연속해서 실음
積載(적재) 배, 수레 따위에 물건을 쌓아 실음
千載一遇(천재일우) 천 년에 한 번 만남. '좀처럼 만나기 어려운 기회'를 이름

6 **輯** 모을 **집**
획수: **16** 부수: **車**　　　　　　　　　　>>> 형성문자
車 + 咠(즙)

特輯(특집) 신문, 방송 등에서 특정 문제를 특별히 다루어 편집함
編輯(편집) 여러 가지 자료를 모아서 신문이나 책을 엮음

7 **軸** 굴대 축

획수: **12** 부수: **車**   >>> 형성문자

車 + 由(유) (→ 由의 전음이 음을 나타냄)

機軸(기축) ❶ 기관, 바퀴 따위의 굴대
　　　　　 ❷ 어떤 조직의 활동의 중심
主軸(주축) 주되는 축
車軸(차축) 수레바퀴의 굴대

8 **轄** 다스릴 할

획수: **17** 부수: **車**   >>> 형성문자

車 + 害(해) (→ 害의 전음이 음을 나타냄)

管轄(관할) 권한을 가지고 다스림 또는 그 지배가 미치는 범위
直轄(직할) 직접 맡아서 다스림
統轄(통할) 모두 거느려서 관할함

9 **軒** 처마 헌

획수: **10** 부수: **車**   >>> 형성문자

車 + 干(간) (→ 干의 전음이 음을 나타냄)

軒頭(헌두) 추녀 끝

10 **輝** 빛날 휘

획수: **15** 부수: **車**   >>> 형성문자

光 + 軍(군) (→ 軍의 전음이 음을 나타냄)

輝煌(휘황) 광채가 눈부시게 빛남
光輝(광휘) 아름답게 빛나는 빛

국어 실력으로 이어지는 수(秀) 한자: 2급 하

11 **輕** 가벼울 **경**¹ / 경솔할 **경**²
획수: **14** 부수: **車**　　　　　　　　　　　>>> 형성문자
車 + 巠(경)

輕減(경감) / **輕擧妄動**(경거망동) / **輕犯**(경범) / **輕率**(경솔) /
輕視(경시) / **輕重**(경중)

12 **較** 비교할 **교**
획수: **13** 부수: **車**　　　　　　　　　　　>>> 형성문자
車 + 交(교)

較差(교차) / **比較**(비교)

13 **輪** 바퀴 **륜**
획수: **15** 부수: **車**　　　　　　　　　　　>>> 형성문자
車 + 侖(륜)

輪廓(윤곽) / **輪作**(윤작) / **輪廻**(윤회) / **年輪**(연륜)

14 **輩** 무리 **배**
획수: **15** 부수: **車**　　　　　　　　　　　>>> 형성문자
車 + 非(비) (→ 非의 전음이 음을 나타냄)

輩出(배출) / **先輩**(선배) / **年輩**(연배)

15 **輸** 보낼 **수**
획수: **16** 부수: **車**　　　　　　　　　　　>>> 형성문자
車 + 兪(유) (→ 兪의 전음이 음을 나타냄)

輸送(수송) / **輸出**(수출) / **空輸**(공수) / **運輸**(운수)

16

轉 구를 전

획수: **18** 부수: **車**   >>> 형성문자

車 + 專(전)

轉勤(전근) / **轉補**(전보) / **轉向**(전향) / **轉禍爲福**(전화위복) / **逆轉**(역전) /
回轉(회전)

제9장
그릇 관련 부수

138

그릇 **명**

바닥이 낮고 둥근 발이 달려있는 그릇을 표현한 글자이다.

2급

1
盧 검을 로
획수: **16** 부수: 皿   >>> 형성문자
皿 + 盧(로)

盧生之夢(노생지몽) 노생의 꿈. '인생의 영고성쇠(榮枯盛衰)는 한바탕 꿈처럼
덧없음'을 이름

2
盤 쟁반 **반**
획수: **15** 부수: 皿   >>> 형성문자
皿 + 般(반)

盤石(반석) ❶ 너럭바위
            ❷ '사물이 매우 안전하고 견고함'의 비유
基盤(기반) 기초가 되는 지반
小盤(소반) 작은 쟁반
地盤(지반) ❶ 땅의 표면
            ❷ 일을 하는데 기초나 근거가 될 만한 바탕

3
盆 동이 분
획수: **9** 부수: 皿   >>> 형성문자
皿 + 分(분)

盆栽(분재) 관상(觀賞)을 위하여 화분에 심어서 가꾼 나무 또는 그렇게 가꾸
　　　　는 일

盆地(분지) 산이나 대지(臺地)로 사방이 둘러싸인 평지

花盆(화분) 화초를 심어 가꾸는 그릇

3, 4급

4　　**監** 볼 감¹ / 벼슬이름 감²

획수: **14** 부수: **皿**　　　　　　　　　　　　　　　　>>> 회의문자

臣 + 人 + 皿

'臣(산)'은 눈을 본뜬 것. 사람이 물이 들어있는 동이를 들여다 보는 모양에서,
거울에 비추어 보다의 뜻을 나타냄

監督(감독) / **監査**(감사) / **監修**(감수) / **監視**(감시) / **收監**(수감) /
出監(출감)

5　　**盜** 도둑 도

획수: **12** 부수: **皿**　　　　　　　　　　　　　　　　>>> 회의문자

次[침] + 皿

그릇 속에 있는 음식을 보고 침을 흘리고 훔쳐 먹음의 뜻

盜掘(도굴) / **盜難**(도난) / **盜聽**(도청) / **强盜**(강도) / **竊盜**(절도)

6　　**盟** 맹세할 맹

획수: **13** 부수: **皿**　　　　　　　　　　　　　　　　>>> 형성문자

皿 + 明(명) (→ 明의 전음이 음을 나타냄)

盟誓(맹서/맹세) / **盟約**(맹약) / **盟主**(맹주) / **同盟**(동맹) / **血盟**(혈맹)

7　　**盛** 성할 성

획수: **12** 부수: **皿**　　　　　　　　　　　　　　　　>>> 형성문자

皿 + 成(성)

盛衰(성쇠) / **盛業**(성업) / **盛行**(성행) / **盛況**(성황) / **茂盛**(무성) /
豊盛(풍성)

8 **益** 더할 익

획수: **10** 부수: **皿**   >>> 회의문자

水 + 皿

그릇 위로 물이 넘치고 있는 모양. 넘침의 뜻에서 더함의 의미가 됨

權益(권익) / **損益**(손익) / **收益**(수익) / **有益**(유익) / **利益**(이익)

9 **盡** 다할 진

획수: **14** 부수: **皿**   >>> 회의문자

聿 + 皿

'聿(율)'은 솔을 손에 든 모양. 그릇 속을 솔로 털어서 비우는 모양에서 '다하
다'의 의미를 나타냄

盡力(진력) / **盡心**(진심) / **盡人事待天命**(진인사대천명) / **極盡**(극진) /
賣盡(매진) / **消盡**(소진)

139

缶 장군 부

방망이를 이용해 장군그릇이 만들어지는 모습을 표현한 글자이다.

3, 4급

1

缺 이지러질 결

획수: **10** 부수: **缶**　　　　　　　　　　　　　　>>> 형성문자

缶 + 夬(결)

'缶(부)'는 '항아리', '夬(결)'은 후벼 내다의 뜻

항아리의 일부가 일그러지다의 뜻을 나타냄

缺席(결석) / **缺員**(결원) / **缺點**(결점) / **缺乏**(결핍) / **缺陷**(결함) /
缺航(결항)

140

피 **혈**

그릇[皿]에 희생물의 피가 담긴 모습을 표현한 글자이다.

3, 4급

1   **衆** 무리 중

획수: **12** 부수: **血**   >>> 회의문자

目 + **伙**[많은 사람]
많은 사람이 응시함의 뜻

衆寡不敵(중과부적) / **衆口難防**(중구난방) / **衆論**(중론) / **群衆**(군중) /
聽衆(청중)

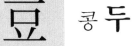

141

豆 콩 두

제사를 지낼 때에 사용된 굽 높은 그릇을 표현한 글자이다.

2급

1

豈 어찌 기¹ / 즐길 개²

획수: **10** 부수: **豆**　　　　　　　　　　>>> 상형문자

위에 장식이 붙은 북의 모양으로, 전승(戰勝)의 기쁨의 음악의 뜻에서 파생하
여 '즐기다'의 뜻이 됨

凱樂(개악) ❶ 기뻐함. 즐거워함
　　　　　 ❷ 개선(凱旋)할 때의 음악
豈弟(개제) 호락하게 즐김

3, 4급

2

豆 콩 두

획수: **7** 부수: **豆**　　　　　　　　　　>>> 상형문자

豆腐(두부) / **豆乳**(두유)

3

豐 풍년 풍

획수: **18** 부수: **豆**　　　　　　　　　　>>> 회의문자

제사 그릇인 豆(두) 위에 물건을 가득 담아 놓은 모습에서 '많다', '풍부하다'
의 뜻이 나옴

豐年(풍년) / **豐富**(풍부) / **豐盛**(풍성) / **豐作**(풍작) / **豐足**(풍족) / **大豐**(대풍)

142

酉 닭 유

배가 불룩하고 입이 좁은 술 담는 그릇을 표현한 글자이다.
酉자 부수에 속하는 한자는 그 뜻이 술과 관련이 있다.

1
酸 실 산
획수: **14** 부수: **酉**   >>> 형성문자
酉 + 夋(준) (→ 夋의 전음이 음을 나타냄)

酸味(산미) 신맛
酸素(산소) 공기의 주성분인 기체 원소(元素)
酸化(산화) 물질이 산소와 화합함

2
酌 따를 작
획수: **10** 부수: **酉**   >>> 형성문자
酉 + 勺(작)
'酉'는 술의 뜻. '勺(작)'은 국자를 본뜬 것
술을 따르다, 뜨다의 의미를 나타냄

對酌(대작) 마주 대하여 술을 마심
酬酌(수작) ❶ 술잔을 주고받음
　　　　　　 ❷ 말을 서로 주고받음 또는 그 말
斟酌(짐작) ❶ 술을 잔에 따름
　　　　　　 ❷ 사정, 형편 등을 어림쳐 헤아림
參酌(참작) 참고해 알맞게 헤아림

3 **醜** 추할 **추**

획수: **17** 부수: **酉**　　　　　　　　　　　　>>> 형성문자

鬼 + 酉(유) (→ 酉의 전음이 음을 나타냄)

醜聞(추문) 추잡한 소문
醜惡(추악) 심성, 용모, 행실 따위가 보기 흉하고 추함
醜雜(추잡) 말과 행실이 지저분하고 잡스러움
醜態(추태) 추저분한 태도
醜行(추행) 추잡한 행동. 음란한 짓
美醜(미추) 아름다움과 추함

4 **醉** 취할 **취**

획수: **15** 부수: **酉**　　　　　　　　　　　　>>> 형성문자

酉 + 卒(졸) (→ 卒의 전음이 음을 나타냄)

醉中(취중) 술에 취한 동안
陶醉(도취) 즐기거나 좋아하는 것에 마음이 쏠리어 취하다시피 됨
滿醉(만취) 술에 잔뜩 취함
宿醉(숙취) 이튿날까지 깨지 않는 술기운
心醉(심취) 어떤 사물에 깊이 빠져 마음을 빼앗김

5 **酷** 독할 **혹**

획수: **14** 부수: **酉**　　　　　　　　　　　　>>> 형성문자

酉 + 告(고) (→ 告의 전음이 음을 나타냄)

酷毒(혹독) ❶ 성질, 행위 따위가 모질고 독함
　　　　　　 ❷ 정도가 몹시 심함
酷使(혹사) 혹독하게 부림
酷評(혹평) 가혹한 비평
酷寒(혹한) 몹시 심한 추위
冷酷(냉혹) 쌀쌀하고 혹독함
慘酷(참혹) 끔찍하고 비참함

6
配 짝 배
획수: **10** 부수: **酉** >>> 형성문자

酉 + 己(기) (→ 己의 전음이 음을 나타냄)

配給(배급) / **配當**(배당) / **配慮**(배려) / **配定**(배정) / **交配**(교배) / **分配**(분배)

7
酉 닭 유[1] / 열째지지 유[2]
획수: **7** 부수: **酉** >>> 상형문자

酉時(유시)

8
醫 의원 의
획수: **18** 부수: **酉** >>> 회의문자

殹[나쁜 모양] + 酉[술] (→ 옛날에는 술을 사용해서 병을 고쳤음)

醫師(의사) / **醫術**(의술) / **醫學**(의학) / **名醫**(명의) / **獸醫**(수의)

9
酒 술 주
획수: **10** 부수: **酉** >>> 회의문자

氵[(=水)액체] + 酉[술단지]

酒量(주량) / **酒邪**(주사) / **酒色**(주색) / **酒池肉林**(주지육림) / **飮酒**(음주)

143

食 밥 식

뚜껑이 있는 둥그런 그릇에 담긴 밥을 표현한 글자이다.
食자 부수에 속하는 한자는 주로 음식물이나 음식물을 먹는 행위와
관련된 뜻을 지닌다.

2급

1

館 집 관

획수: **17** 부수: **食**   >>> 형성문자

食 + 官(관)

開館(개관) '館'자가 붙은 기관이나 시설을 신설하여 그 업무를 시작함
公館(공관) ❶ 공공의 건물
                  ❷ 정부 고관의 관저(官邸)
別館(별관) 본관(本館) 이외에 따로 지은 건물

2

飢 주릴 기

획수: **11** 부수: **食**   >>> 형성문자

食 + 几(궤) (→ 几의 전음이 음을 나타냄)

飢渴(기갈) 굶주림과 목마름
飢饉(기근) 흉년(凶年)이 듦
飢餓(기아) 굶주림
療飢(요기) 시장기만 덜 정도로 먹음
虛飢(허기) 배가 몹시 고픔

3

飼 기를 사
획수: **14** 부수: **食** >>> 형성문자
食 + 司(사)

飼料(사료) 가축의 먹이
飼育(사육) 짐승을 먹여 기름
放飼(방사) 가축을 놓아기름

4

飾 꾸밀 식
획수: **14** 부수: **食** >>> 형성문자
巾 + 人 + 食(식)

假飾(가식) 거짓으로 꾸밈
修飾(수식) 겉모양을 꾸밈
裝飾(장식) 겉모양을 매만져 꾸밈
虛飾(허식) 실속 없이 겉만 꾸밈

5

餐 먹을 찬
획수: **16** 부수: **食** >>> 형성문자
食 + 㱁(잔) (→ 㱁의 전음이 음을 나타냄)

晩餐(만찬) 특별히 잘 차려 낸 저녁 식사
午餐(오찬) 어느 때보다 잘 차려 먹는 점심
朝餐(조찬) 목적을 가진 모임 따위에서의 아침 식사

6

飽 배부를 포
획수: **14** 부수: **食** >>> 형성문자
食 + 包(포)

飽滿(포만) 일정한 용량에 넘치도록 가득 참
飽食(포식) 배불리 먹음
飽和(포화) 채울 수 있는 최대한도에 달함

7

飯 밥 **반**

획수: **13** 부수: **食**   >>> 형성문자

食 + 反(반)

飯店(반점) / **飯酒**(반주) / **白飯**(백반) / **殘飯**(잔반) / **朝飯**(조반)

8

餓 주릴 **아**

획수: **16** 부수: **食**   >>> 형성문자

食 + 我(아)

餓死(아사) / **饑餓**(기아)

9

養 기를 **양**¹ / 받들 **양**²

획수: **15** 부수: **食**   >>> 형성문자

食 + 羊(양)

養老(양로) / **養兵**(양병) / **養成**(양성) / **養殖**(양식) / **養育**(양육) / **扶養**(부양)

10

餘 남을 **여**

획수: **16** 부수: **食**   >>> 형성문자

食 + 余(여)

餘暇(여가) / **餘裕**(여유) / **餘波**(여파) / **餘恨**(여한) / **剩餘**(잉여) / **殘餘**(잔여)

144 鼎 솥 정

솥을 표현한 글자이다.

2급

1 **鼎** 솥 정

획수: **13** 부수: 鼎 　　　　　　　　　　>>> 상형문자

세 발 또는 네 발 달린 솥을 그린 것

145

울창주 **창**

울창주가 술그릇에 담겨 있는 모양을 표현한 글자이다.

2급

1

鬱 답답할 울

획수: **29** 부수: 鬯   >>> 형성문자

林 + 鬱(울)

鬱憤(울분) 분한 마음이 가슴에 가득함

鬱寂(울적) 마음이 답답하고 쓸쓸함

鬱火(울화) 속이 답답하여 생기는 심화(心火)

憂鬱(우울) 마음이나 분위기가 답답하고 밝지 못함

沈鬱(침울) 분위기가 어두움

제10장
기물 관련 부수

147

力 힘 **력**

땅을 파는 원시적인 형태의 쟁기를 표현한 글자이다.
力자를 부수로 삼는 한자는 대부분 무엇인가 힘들여 행한다는 뜻과 관련이 있다.

2급

1 **劫** 위협할 **겁**

획수: **7** 부수: **力**　　　　　　　　　　　　　　　　>>> 회의문자

去[갈 거] + 力 (→ 가려고 하는 것을 힘으로 위협하여 못 가게 함의 뜻)

劫迫(겁박) 위력으로 협박함
劫奪(겁탈) ❶ 위협하여 빼앗음
　　　　　❷ 폭력으로 간음함
億劫(억겁) 무한히 긴 오랜 동안
永劫(영겁) 영원한 세월

2 **勵** 힘쓸 **려**

획수: **17** 부수: **力**　　　　　　　　　　　　　　　　>>> 형성문자

力 + 厲(려)

激勵(격려) 용기나 의욕을 북돋아 줌
督勵(독려) 감독하고 격려함
獎勵(장려) 권하여 힘쓰게 함

3 **劣** 용렬할 **렬**

획수: **6** 부수: **力**　　　　　　　　　　　　　　　　>>> 회의문자

力 + 少[적음] (→ 힘이 적다의 뜻에서 '남보다 못하다'의 뜻을 나타냄)

劣等(열등) 낮은 등급
劣勢(열세) 힘이나 형세가 상대편보다 떨어져 있음, 또는 그런 상태
劣惡(열악) 형편 등이 몹시 나쁨
優劣(우열) 우수함과 열등함
拙劣(졸렬) 서투르고 보잘것 없음

4

勅 칙서 칙

획수: **9** 부수: **力**　　　　　　　　　　　　　>>> 형성문자

力 + 束(속) (→ 束의 전음이 음을 나타냄)

勅命(칙명) 임금의 명령
勅使(칙사) 칙명을 받은 사신
勅書(칙서) 임금이 훈계하거나 알릴 일을 적은 문서

5

勳 공 훈

획수: **16** 부수: **力**　　　　　　　　　　　　　>>> 형성문자

力 + 熏(훈)

勳功(훈공) 나라를 위하여 세운 공로
勳章(훈장) 나라에 대한 훈공이나 공로를 표창하기 위하여 내리는 휘장(徽章)
　　　　　　이나 紀章(기장)
敍勳(서훈) 훈등과 훈장을 내림

3, 4급

6

加 더할 가

획수: **5** 부수: **力**　　　　　　　　　　　　　>>> 회의문자

力 + 口

加減(가감) / **加擔**(가담) / **加入**(가입) / **加重**(가중) / **倍加**(배가) / **追加**(추가)

7 **勸** 권할 **권**

획수: **20** 부수: **力** >>> 형성문자

力 + 雚(관) (→ 雚의 전음이 음을 나타냄)

勸告(권고) / **勸善懲惡**(권선징악) / **勸誘**(권유) / **勸學**(권학) / **强勸**(강권)

8 **努** 힘쓸 **노**

획수: **7** 부수: **力** >>> 형성문자

力 + 奴(노)

努力(노력)

9 **動** 움직일 **동**

획수: **11** 부수: **力** >>> 형성문자

力 + 重(중) (→ 重의 전음이 음을 나타냄)

動機(동기) / **動亂**(동란) / **動態**(동태) / **擧動**(거동) / **騷動**(소동)

10 **勞** 수고할 **로**[1] / 위로할 **로**[2]

획수: **12** 부수: **力** >>> 회의문자

力 + 熒(형)
熒은 熒의 생략형으로 '불을 지핀다'의 뜻
불이 꺼지지 않도록 힘쓰므로 '수고롭다'는 의미

勞苦(노고) / **勞動**(노동) / **勞使**(노사) / **勞心焦思**(노심초사) / **勤勞**(근로) /
慰勞(위로)

11 **勉** 힘쓸 **면**

획수: **9** 부수: **力** >>> 형성문자

力 + 免(면)

勉學(면학) / **勤勉**(근면)

12 **募** 모을 모

획수: **13** 부수: **力**　　　　　　　　　　>>> 형성문자

力 + 莫(모)

'莫'는 '구하다'의 뜻

애써 널리 구하다의 뜻에서 '모집하다'의 의미를 나타냄

募金(모금) / **募兵**(모병) / **募集**(모집) / **公募**(공모) / **應募**(응모)

13 **務** 힘쓸 무

획수: **11** 부수: **力**　　　　　　　　　　>>> 형성문자

力 + 敄(무)

公務(공무) / **用務**(용무) / **義務**(의무) / **職務**(직무)

14 **勢** 형세 세

획수: **13** 부수: **力**　　　　　　　　　　>>> 형성문자

力 + 埶(예) (→ 埶의 전음이 음을 나타냄)

勢力(세력) / **權勢**(권세) / **情勢**(정세) / **形勢**(형세)

15 **勤** 부지런할 근

획수: **13** 부수: **力**　　　　　　　　　　>>> 형성문자

力 + 菫(근)

勤儉(근검) / **勤勞**(근로) / **勤務**(근무) / **勤續**(근속) / **皆勤**(개근) / **缺勤**(결근)

16 **助** 도울 조

획수: **7** 부수: **力**　　　　　　　　　　>>> 형성문자

力 + 且(저) (→ 且의 전음이 음을 나타냄)

助言(조언) / **助演**(조연) / **助長**(조장) / **援助**(원조) / **協助**(협조)

148

工 장인 **공**

장인이 사용하는 물건을 표현한 글자이다.

2급

1
巧 공교로울 **교**
획수: **5** 부수: **工**　　　　　　　　　　　　　　>>> 형성문자
工 + 丂(교)

巧妙(교묘) 썩 잘되고 묘함
巧言令色(교언영색) 번지르르하게 발라맞추는 말과 알랑거리는 낯빛
計巧(계교) 이리저리 생각해서 짜낸 꾀
技巧(기교) 재간 있게 부리는 기술이나 솜씨
精巧(정교) 세세한 부분까지 정밀하고 자세함

2.
巫 무당 **무**
획수: **7** 부수: **工**　　　　　　　　　　　　　　>>> 상형문자
무당이 춤출 때 소매의 모양을 본뜸

巫覡(무격) 무당과 박수
巫堂(무당) 굿을 하고 점을 치는 일에 종사하는 여자
巫俗(무속) 무당의 풍속

3

巨 클 거

획수: **5** 부수: **工** >>> 상형문자

손잡이가 달린 커다란 자의 모양. 가차하여 '크다'의 뜻으로 씀

巨軀(거구) / **巨金**(거금) / **巨物**(거물) / **巨富**(거부) / **巨儒**(거유) / **巨匠**(거장)

4

差 어긋날 차[1] / 병나을 차[2] / 보낼 차[3] / 층질 치[4]

획수: **10** 부수: **工** >>> 회의문자

羊 + 左
羊[늘어진 꽃술의 끝이 맞지 않음]과 左[손가락의 길이가 맞지 않음]
어긋남의 뜻

差減(차감) / **差度**(차도) / **差別**(차별) / **差異**(차이) / **隔差**(격차) / **快差**(쾌차)

149

己 몸 기

실이나 줄을 표현한 글자로 보인다.

2급

1
巴 땅이름 **파**
획수: **4** 부수: **己**   >>> 상형문자
뱀의 일종의 모양

巴蛇(파사) 큰 뱀의 일종

2
巷 거리 **항**
획수: **9** 부수: **己**   >>> 회의문자
工 + 邑
'共(공)'은 '함께하다', '邑(읍)'은 '마을'의 뜻
마을 사람들이 공유하는 마을 가운데의 길의 뜻

巷間(항간) 일반 민중들 사이
陋巷(누항) 좁고 더러운 거리

3, 4급

3
巳 뱀 **사**¹ / 여섯째지지 **사**²
획수: **3** 부수: **己**   >>> 상형문자
뱀의 모양을 본뜸

巳時(사시)

已 이미 이

획수: **3** 부수: **己**

농경도구인 쟁기의 모양을 본뜸
그치다, 이미의 뜻으로 차용됨

已往(이왕) / **不得已**(부득이)

150 巾 수건 건

아래로 늘어진 수건을 표현한 글자이다.
巾자 부수에 속한 한자는 흔히 베나 천과 같은 방직물과 관련된 뜻을
지닌다.

2급

1
幕 휘장 막
획수: **14** 부수: **巾**   >>> 형성문자
巾 + 莫(막)

幕間(막간) 연극에서, 한 막이 끝나고 다음 막이 시작되기까지의 동안
幕舍(막사) 판자나 천막 따위로 임시로 간단하게 지은 집
幕後(막후) ❶ 막의 뒤
         ❷ 표면으로 드러나지 않은 뒤편
開幕(개막) ❶ 막을 열거나 올림
         ❷ 행사를 시작함
天幕(천막) 비, 바람 따위를 막기 위한 서양식(西洋式)의 장막

2
帽 모자 모
획수: **12** 부수: **巾**   >>> 형성문자
巾 + 冒(모)

帽子(모자) 머리에 쓰는 쓰개
脫帽(탈모) 모자를 벗음

3

帛 비단 백

획수: **8** 부수: **巾**   >>> 형성문자

巾 + 白(백)

帛書(백서) 비단에 쓴 글자
幣帛(폐백) 예를 갖추어 보내거나 가지고 가는 예물

4

帥 장수 수¹ / 거느릴 솔²

획수: **9** 부수: **巾**   >>> 회의문자

巾 + 𠂤

元帥(원수) 군인의 가장 높은 계급
將帥(장수) 군사를 지휘하는 장군
統帥(통수) 군대를 통솔(統率)함

5

幣 비단 폐

획수: **15** 부수: **巾**   >>> 형성문자

巾 + 敝(폐)

幣物(폐물) 선사하는 물품
造幣(조폐) 화폐를 만듦
貨幣(화폐) 돈

6

幅 폭 폭

획수: **12** 부수: **巾**   >>> 형성문자

巾 + 畐(복) (→ 畐의 전음이 음을 나타냄)

步幅(보폭) 한 걸음의 너비
畫幅(화폭) 그림을 그리는 천이나 종이

7 **帶** 띠 대
획수: **11** 부수: **巾**   >>> 상형문자
띠에 패옥이 달려있는 모습을 그린 것이다

帶同(대동) / **玉帶**(옥대) / **携帶**(휴대)

8 **師** 스승 사
획수: **10** 부수: **巾**   >>> 회의문자
𠂤 + 帀

師範(사범) / **師事**(사사) / **師弟**(사제) / **師表**(사표) / **技師**(기사)

9 **常** 항상 상
획수: **11** 부수: **巾**   >>> 형성문자
巾 + 尙(상)

常設(상설) / **常識**(상식) / **常任**(상임) / **常駐**(상주) / **恒常**(항상) / **通常**(통상)

10 **帳** 휘장 장
획수: **11** 부수: **巾**   >>> 형성문자
巾 + 長(장)

帳幕(장막) / **帳簿**(장부) / **記帳**(기장) / **揮帳**(휘장)

11 **帝** 임금 제
획수: **9** 부수: **巾**   >>> 상형문자
꽃받침을 그린 것

帝位(제위) / **帝政**(제정) / **上帝**(상제) / **皇帝**(황제)

12

布 베 포

획수: **5** 부수: **巾**　　　　　　　　　　　　　　　　　>>> 형성문자

巾 + 父[(=ナ) 부] (→ 父의 전음이 음을 나타냄)

布告(포고) / **布敎**(포교) / **布施**(포시/보시) / **公布**(공포) / **宣布**(선포)

13

希 바랄 희

획수: **7** 부수: **巾**　　　　　　　　　　　　　　　　　>>> 회의문자

巾 + 爻[선이 교차한 모양] (→ 직조한 천의 뜻)

希望(희망)

151

斗 말 **두**

곡식의 양을 재는데 사용하는 기구를 표현한 글자이다.

2급

1

斜 비낄 **사**

획수: **11** 부수: **斗**   >>> 형성문자

斗 + 余(여) (→ 余의 전음이 음을 나타냄)

斜線(사선) 비스듬하게 그은 줄
斜陽(사양) ❶ 서쪽으로 기울어진 해
        ❷ '시세의 변천으로 사라지거나 몰락해 가는 일'의 비유
傾斜(경사) ❶ 비스듬히 기울어짐
        ❷ 비탈

3, 4급

2

斗 말 **두**

획수: **4** 부수: **斗**   >>> 상형문자

물건의 양을 잴 때 쓰던, 자루가 달린 용기를 그린 것

斗穀(두곡) / **泰斗**(태두)

3

料 헤아릴 **료**

획수: **10** 부수: **斗**   >>> 회의문자

米 + 斗

자루가 달린 용기인 斗(두)를 가지고 米[쌀]의 양을 헤아리다, 세다의 의미

料金(요금) / **料理**(요리) / **無料**(무료) / **思料**(사료) / **原料**(원료) / **材料**(재료)

---

152 方 모 **방**

끝 부분이 두 개의 날로 갈라져 있는 쟁기를 표현한 글자이다.

`2급`

1 旁 곁 **방**

획수: **10** 부수: **方** >>> 형성문자

凡 + 方(방)

旁求(방구) 두루 찾아서 구함

2 旋 돌 **선**

획수: **11** 부수: **方** >>> 회의문자

㫃 + 疋

사람이 깃발[㫃(언)] 아래에서 빙글빙글 돌고 있다[疋(필)]는 뜻이다

旋風(선풍) ❶ 회오리바람
❷ '돌발적으로 발생하여 사회에 큰 영향을 미칠 만한 사건'의 비유
旋回(선회) 둘레를 빙빙 돎
凱旋(개선) 싸움에 이기고 돌아옴
周旋(주선) 여러모로 두루 힘씀

3 旌 기 **정**

획수: **11** 부수: **方** >>> 형성문자

㫃 ＋生(생) (→ 生의 전음이 음을 나타냄)

旌旗(정기) 기(旗)의 총칭(總稱)
銘旌(명정) 붉은 천에 흰 글씨로, 죽은 사람의 관직이나 성명 따위를 쓴 조기
(弔旗)

4   **旗** 기 기
획수: **14** 부수: **方**   >>> 형성문자
㫃 + 其(기)

旗手(기수) / **旗幟**(기치) / **國旗**(국기) / **反旗**(반기) / **白旗**(백기)

5   **旅** 나그네 **려**
획수: **10** 부수: **方**   >>> 회의문자
㫃[깃발] + 从[사람의 모임]
많은 사람이 군기를 앞세우고 가다의 뜻에서 '군대, 여행'의 의미가 됨

旅客(여객) / **旅館**(여관) / **旅券**(여권) / **旅毒**(여독) / **旅行**(여행)

6   **施** 베풀 **시**[1] / 옮길 **이**[2]
획수: **9** 부수: **方**   >>> 형성문자
㫃 + 也(야) (→ 也의 전음이 음을 나타냄)

施賞(시상) / **施設**(시설) / **施術**(시술) / **施政**(시정) / **施行**(시행) / **實施**(실시)

7   **於** 어조사 **어**[1] / 탄식할 **오**[2]
획수: **8** 부수: **方**   >>> 가차문자
본래 烏[까마귀 오]의 古字(고자). 가차하여 어조사로 쓰임

嗚呼(오호)

154 玄 검을 현

타래진 가늘고 작은 실이 끊어진 모습을 표현한 글자이다.

2급

1 **率** 비율 **률**[1] / 거느릴 **솔**[2]

획수: **11** 부수: **玄**   >>> 상형문자

실로 만든 그물을 그린 것이다

率先(솔선) 남보다 먼저 나섬
能率(능률) 일정한 시간에 해낼 수 있는 일의 분량 또는 비율
比率(비율) 둘 이상의 수(數)를 비교한 값
輕率(경솔) 언행(言行)이 조심성이 없고 가벼움
引率(인솔) 이끌고 감
統率(통솔) 어떤 조직체를 온통 몰아서 거느림

2 **玄** 검을 **현**

획수: **5** 부수: **玄**   >>> 상형문자

玄米(현미) 벼의 겉껍질만 벗기고 쓿지 않은 쌀
玄黃(현황) ❶ 하늘의 검은 빛과 땅의 누런 빛
　　　　　　 ❷ 천지. 우주

구슬 **옥**   구슬옥변

끈에 몇 개의 구슬이 꿰어진 모양을 표현한 글자이다.
玉자를 부수로 삼는 한자는 옥으로 만들어진 물건과 관계된 뜻을 지닌다.

2급

1 **瓊** 아름다운옥 **경**
획수: **19** 부수: **玉**   >>> 형성문자
王 + 夐(경)

瓊筵(경연) 아름다운 옥으로 꾸민 자리. '좋은 연회석'을 이름

2 **琴** 거문고 **금**
획수: **12** 부수: **玉**   >>> 상형→형성문자
본래 거문고를 그린 상형자였는데, 후에 발음부분인 今(금)자가 더해졌다

琴瑟(금슬/금실) ❶ 거문고와 비파
                      ❷ 부부 사이의 정
心琴(심금) 어떤 자극에 움직이는 마음을 거문고에 비유한 말

3 **琦** 옥이름 **기**
획수: **12** 부수: **玉**   >>> 형성문자
王 + 奇(기)

4 　**琪** 아름다운옥 **기**

획수: **12** 부수: **玉** 　　　　　　　　　　　　　　 >>> 형성문자

王 + 其(기)

琪花瑤草(기화요초) 선경(仙境)에 있다는 아름다운 꽃과 풀

5 　**瑞** 상서로울 **서**

획수: **13** 부수: **玉** 　　　　　　　　　　　　　　 >>> 형성문자

王 + 耑[揣(취)의 생략형]
揣의 생략형의 전음이 음을 나타냄

瑞光(서광) ❶ 상서로운 빛
　　　　　 ❷ 길한 일의 조짐
祥瑞(상서) 기쁜 일이 있을 기미

6 　**瑩** 옥돌 **영**[1] / 의혹할 **형**[2]

획수: **15** 부수: **玉** 　　　　　　　　　　　　　　 >>> 형성문자

王 + 熒(영)
熒 은 '빛나다'의 뜻. 빛나는 보석의 뜻을 나타냄

7 　**珠** 구슬 **주**

획수: **10** 부수: **玉** 　　　　　　　　　　　　　　 >>> 형성문자

王 + 朱(주)

珠玉(주옥) ❶ 구슬과 옥
　　　　　 ❷ '여럿 가운데서 가장 아름답고 훌륭한 것'의 비유
念珠(염주) 구슬을 꿰어서 둥글게 만든 것. 부처에게 절하거나 염불할 때, 그
　　　　　 횟수를 세거나 함
眞珠(진주) 진주조개, 대합, 전복 따위의 체내에서 형성되는 구슬 모양의 분
　　　　　 비물 덩어리

8   璨 빛날 **찬**
　　획수: **17** 부수: **玉**　　　　　　　　　　　　　　>>> 형성문자
　　王 + 粲(찬)

9   琢 쫄 **탁**
　　획수: **12** 부수: **玉**　　　　　　　　　　　　　　>>> 형성문자
　　王 + 豖(축) (→ 豖의 전음이 음을 나타냄)

　　琢句(탁구) 시문을 퇴고(推敲)함
　　琢磨(탁마) ❶ 옥이나 돌을 쪼고 가는 일
　　　　　　　　　❷ '학문이나 기예(技藝) 따위를 힘써 닦고 가는 일'의 비유

3, 4급

10   班 나눌 **반**
　　획수: **10** 부수: **玉**　　　　　　　　　　　　　　>>> 회의문자
　　珏 + 刀
　　'珏(각)'은 둘로 나눈 옥의 뜻. 칼로 옥을 쪼개다에서 '나누다'의 의미가 됨

　　班長(반장) / **分班**(분반) / **兩班**(양반)

11   珍 보배 **진**
　　획수: **9** 부수: **玉**　　　　　　　　　　　　　　>>> 형성문자
　　王 + 㐱(진)

　　珍技(진기) / **珍味**(진미) / **珍羞盛饌**(진수성찬)

12   現 나타날 **현**
　　획수: **11** 부수: **玉**　　　　　　　　　　　　　　>>> 형성문자
　　王 + 見(현)

現金(현금) / **現代**(현대) / **現象**(현상) / **現在**(현재) / **具現**(구현) / **出現**(출현)

13

環 고리 환

획수: **17** 부수: **玉**　　　　　　　　　　　>>> 형성문자

王 + 睘(환)

'睘'은 돌다의 뜻. 고리모양의 옥의 뜻을 나타냄

環境(환경) / **循環**(순환) / **花環**(화환)

156

用 쓸 용

겉에 무늬가 새겨진 용종(甬鐘)을 표현한 글자로 보인다.

2급

1

甫 클 보

획수: **7** 부수: **用**

>>> 형성문자

用 + 父(부) (→ 父의 전음이 음을 나타냄)

甫田(보전) 큰 밭

石 돌 석

예리하게 만든 모난 돌과 네모난 돌을 함께 표현한 글자로 보인다.
石자 부수에 속하는 한자는 암석의 종류나 성질 또는 돌로 만들어진
기물 등과 관련된 뜻을 지닌다.

2급

1
磨 갈 **마**[1] / 맷돌 **마**[2]

획수: **16** 부수: **石**   >>> 형성문자

石 + 麻(마)

磨滅(마멸) 갈리어 닳아 없어짐
磨耗(마모) 마찰되는 부분이 닳아서 작아지거나 없어짐
硏磨(연마) 금속, 보석, 유리 따위를 갈고 닦아서 윤이 나게 함
練磨(연마) 심신, 지식, 기술 따위를 갈고 닦음

2
碧 푸를 **벽**

획수: **14** 부수: **石**   >>> 형성문자

王[= 玉] + 石 + 白(백) (→ 白의 전음이 음을 나타냄)

碧眼(벽안) 눈동자가 푸른 눈
碧昌牛(벽창우) '미련하고 고집이 센 사람'의 비유
碧海(벽해) 푸른 바다

3
碑 비석 **비**

획수: **13** 부수: **石**   >>> 형성문자

石 + 卑(비)

碑銘(비명) 비석에 새긴 글
碑石(비석) 인물이나 사적을 기념하려고 글을 새겨서 세운 돌
口碑(구비) 대대로 전해 내려오는 말

4 碩 클 석
획수: **14** 부수: **石**　　　　　　　　　　　　>>> 형성문자
頁 + 石(석)

碩士(석사) ❶ '인격이 훌륭한 선비'의 존칭
❷ 대학원에서 석사 학위 과정을 마치고 논문이 통과된 사람에게
주는 학위
碩學(석학) 학식이 많은 큰 학자

5 碎 부술 쇄
획수: **13** 부수: **石**　　　　　　　　　　　　>>> 형성문자
石 + 卒(졸)
'卒'은 완전히 끝나 버리다의 뜻
돌이 모양이 끝나 버리다에서 '부수다'의 뜻을 나타냄

碎氷(쇄빙) 얼음을 깨뜨림
碎身(쇄신) 몸이 부서질 정도로 죽을힘을 다함
粉碎(분쇄) ❶ 가루처럼 잘게 부스러뜨림
❷ 적을 철저하게 쳐부숨

6 硯 벼루 연
획수: **12** 부수: **石**　　　　　　　　　　　　>>> 형성문자
石 + 見(견) (→ 見의 전음이 음을 나타냄)

硯滴(연적) 벼룻물을 담는 그릇
硯池(연지) 벼루에서, 물이 담기는 우묵한 부분

7 **磁** 자석 **자**

획수: **15** 부수: **石**   >>> 형성문자

石 + 玆(자)

磁極(자극) 자석의 양 끝 부분
磁器(자기) 백토(白土)를 원료로 하여 빚어 구운 도자기의 한 가지
磁力(자력) 밀치고 당기는 자석의 힘
磁石(자석) 쇠를 끌어당기는 성질을 가진 물체

8 **砲** 대포 **포**

획수: **10** 부수: **石**   >>> 형성문자

石 + 包(포)

砲門(포문) 대포의 포탄이 나가는 구멍
砲彈(포탄) 대포의 탄환
砲丸(포환) 대포의 탄알
大砲(대포) 화약의 힘으로 포탄을 멀리 내쏘는 큰 화기(火器)
發砲(발포) 총이나 대포를 쏨

3, 4급

9 **硬** 굳을 **경**

획수: **12** 부수: **石**   >>> 형성문자

石 + 更(경)

硬直(경직) / **强硬**(강경) / **生硬**(생경)

10 **研** 갈 **연**[1] / 벼루 **연**[2]

획수: **9** 부수: **石**   >>> 형성문자

石 + 幵(견) (→ 幵의 전음이 음을 나타냄)

研究(연구) / **研磨**(연마) / **研修**(연수)

11 **礎** 주춧돌 **초**

획수: **18** 부수: **石**　　　　　　　　　　　　　　　>>> 형성문자

石 + 楚(초)

礎石(초석) / **基礎**(기초)

12 **破** 깨뜨릴 **파**

획수: **10** 부수: **石**　　　　　　　　　　　　　　　>>> 형성문자

石 + 皮(피) (→ 皮의 전음이 음을 나타냄)

破棄(파기) / **破滅**(파멸) / **破産**(파산) / **破裂**(파열) / **破竹之勢**(파죽지세) /
讀破(독파)

13 **確** 확실할 **확**

획수: **15** 부수: **石**　　　　　　　　　　　　　　　>>> 형성문자

石 + 寉(학) (→ 寉의 전음이 음을 나타냄)

確固(확고) / **確立**(확립) / **確信**(확신) / **確認**(확인) / **明確**(명확) / **正確**(정확)

국어 실력으로 이어지는 수(秀) 한자: 2급 하

158

示 보일 시

신(神)이나 하늘에 제사를 지낼 때에 사용된 제단을 표현한 글자이다. 示자 부수에 속하는 한자는 신을 숭배하는 활동과 관련이 깊은 뜻을 지닌다.

2급

1

禱 빌 도
획수: **19** 부수: **示**　　　　　　　　　　　>>> 형성문자
示 + 壽(수) (→ 壽의 전음이 음을 나타냄)

祈禱(기도) 신이나 부처에게 빎
默禱(묵도) 말없이 마음속으로 하는 기도

2

祿 녹 록
획수: **13** 부수: **示**　　　　　　　　　　　>>> 형성문자
示 + 彔(록)

祿俸(녹봉) 지난날, 벼슬아치에게 주던 곡식, 돈 따위의 총칭
祿邑(녹읍) 신라 때, 벼슬아치에게 직전(職田)으로 주던 논밭

3

祠 사당 사
획수: **10** 부수: **示**　　　　　　　　　　　>>> 형성문자
示 + 司(사)

祠堂(사당) 신주(神主)를 모셔 두는 집
神祠(신사) 신령을 모신 사당

4 **禪** 사양할 선[1] / 참선 선[2]

획수: **17** 부수: **示** >>> 형성문자

示 + 單(선)

禪師(선사) 선종(禪宗) 고승의 칭호
禪位(선위) 임금이 왕위를 물려줌
禪宗(선종) 참선에 의하여 본성(本性)을 터득하려는 불교의 한 종파
參禪(참선) 선도(禪道)에 들어가 수행(修行)함

5 **禦** 막을 어

획수: **16** 부수: **示** >>> 형성문자

示 + 御(어)

防禦(방어) 남이 쳐들어오는 것을 막아냄

6 **祐** 도울 우

획수: **10** 부수: **示** >>> 형성문자

示 + 右(우)

祐助(우조) 하늘의 도움과 신의 도움. 天佑神助(천우신조)

7 **祉** 복 지

획수: **9** 부수: **示** >>> 형성문자

示 + 止(지)

福祉(복지) ❶ 행복
        ❷ 만족할 만한 생활환경

8 **禍** 재앙 화

획수: **14** 부수: **示** >>> 형성문자

示 + 咼(와)

'咼'는 '깍다, 없애다'의 뜻. 깎여 없어진 행복, '재앙'을 뜻함

禍根(화근) 재앙의 근원
禍福(화복) 재앙과 복록(福祿)
轉禍爲福(전화위복) 화가 바뀌어 오히려 복이 됨

3, 4급

9

禁 금할 금

획수: **13** 부수: **示**　　　　　　　　　　　>>> 회의문자

示 + 林

'示(시)'는 신의 뜻. '林(림)'은 수풀의 뜻
수풀에 덮인 성역의 뜻을 나타낸다

禁忌(금기) / **禁慾**(금욕) / **禁止**(금지) / **監禁**(감금) / **拘禁**(구금)

10

祈 빌 기

획수: **9** 부수: **示**　　　　　　　　　　　>>> 형성문자

示 + 斤(근) (→ 斤의 전음이 음을 나타냄)

祈禱(기도) / **祈雨祭**(기우제) / **祈願**(기원)

11

福 복 복

획수: **14** 부수: **示**　　　　　　　　　　　>>> 형성문자

示 + 畐(복)

'畐'은 신에게 바치는 술통의 뜻
신에게 술을 바치며 행복해지기를 빌다의 뜻에서, 복의 뜻을 나타냄

福祉(복지) / **薄福**(박복) / **祝福**(축복) / **幸福**(행복)

12

祀 제사지낼 사

획수: **8** 부수: **示**　　　　　　　　　　　>>> 형성문자

示 + 巳(사)

告祀(고사) / **祭祀**(제사)

13 **社** 모일 **사**
획수: **8** 부수: **示** >>> 형성문자
示 + 土(토) (→ '土'는 농경집단이 공동으로 제사지내는 농토의 신의 뜻)

社員(사원) / **社說**(사설) / **社會**(사회) / **會社**(회사)

14 **祥** 상서로울 **상**
획수: **11** 부수: **示** >>> 형성문자
示 + 羊(양) (→ 羊의 전음이 음을 나타냄)

祥瑞(상서)

15 **祭** 제사 **제**
획수: **11** 부수: **示** >>> 회의문자
又[손] + 夕[고기] + 示 (→ 손에 고기를 들고 신에게 바침의 뜻이다)

祭物(제물) / **祭典**(제전) / **祭政一致**(제정일치) / **祝祭**(축제)

16 **祝** 빌 **축**
획수: **10** 부수: **示** >>> 회의문자
示 + 儿[사람] + 口[입] (→ 신을 섬기며 축문을 외는 사람의 뜻)

祝福(축복) / **祝辭**(축사) / **祝賀**(축하) / **慶祝**(경축) / **奉祝**(봉축)

17 **票** 표 **표**
획수: **11** 부수: **示** >>> 회의문자
覂의 생략형 + 火 (→ 불꽃이 튐의 뜻)

票決(표결) / **開票**(개표) / **賣票**(매표) / **投票**(투표)

159

臼 절구 구

속이 울퉁불퉁한 단순한 형태의 절구를 표현한 글자이다.

3, 4급

1
舊 옛 구
획수: **18** 부수: **臼**　　　　　　　　　　　　　　>>> 형성문자
萑 + 臼(구)

舊怨(구원) / **舊正**(구정) / **舊態**(구태) / **復舊**(복구) / **親舊**(친구)

2
與 줄 여[1] / 참여할 여[2]
획수: **14** 부수: **臼**　　　　　　　　　　　　　　>>> 형성문자
牙 + 口 + 舁(여)

與件(여건) / **與否**(여부) / **關與**(관여) / **寄與**(기여) / **授與**(수여) /
參與(참여)

3
興 일 흥[1] / 흥겨울 흥[2]
획수: **16** 부수: **臼**　　　　　　　　　　　　　　>>> 회의문자
舁 + 同
'舁(여)'는 네 손으로 물건을 들다의 뜻. '同(동)'은 합하다의 뜻
힘을 합하여 물건을 들어올리다의 의미

興亡(흥망) / **興味**(흥미) / **興盡悲來**(흥진비래) / **興趣**(흥취) / **復興**(부흥) /
振興(진흥)

160

舟 배 주

배를 표현한 글자이다.
舟자 부수에 속하는 한자는 일반적으로 배와 관련된 뜻을 지니다.

`2급`

1
舶 배 **박**
획수: **11** 부수: **舟**　　　　　　　　　　　　　　　　>>> 형성문자
舟 + 白(백) (→ 白의 전음이 음을 나타냄)

舶來(박래) ❶ 외국에서 배로 날라옴
❷ 외국에서 들어온 물품

2
艇 거룻배 **정**
획수: **13** 부수: **舟**　　　　　　　　　　　　　　　　>>> 형성문자
舟 + 廷(정)

漕艇(조정) ❶ 보트를 저음
❷ 보트를 저어서 그 빠르기로 승부를 거루는 경기
艦艇(함정) '싸움배'의 총칭

3
艦 싸움배 **함**
획수: **20** 부수: **舟**　　　　　　　　　　　　　　　　>>> 형성문자
舟 + 監(감) (→ 監의 전음이 음을 나타냄)

艦隊(함대) 군함(軍艦) 두 척(隻) 이상으로 편성된 해군 부대
艦艇(함정) '군함'의 총칭

軍艦(군함) 해군의 함선 중에서 해상 전투를 담당하는 전선(戰船)
戰艦(전함) '전쟁에 쓰이는 배'의 통칭(通稱)

3, 4급

4
般 옮길 **반**[1] / 돌이킬 **반**[2]
획수: **10** 부수: **舟** >>> 회의문자
舟 + 殳
'舟(주)'는 '배'의 뜻. '殳(수)'는 동작을 가하는 것을 뜻함
큰 배를 움직이는 모양에서 '나르다', '옮기다'의 의미를 나타냄

萬般(만반) / **一般**(일반) / **全般**(전반)

5
船 배 **선**
획수: **11** 부수: **舟** >>> 형성문자
舟 + 㕣(연) (→㕣의 전음이 음을 나타냄)

船舶(선박) / **船員**(선원) / **船積**(선적) / **魚船**(어선) / **造船**(조선)

6
舟 배 **주**
획수: **6** 부수: **舟** >>> 상형문자
배를 그린 것

方舟(방주) / **扁舟**(편주) / **虛舟**(허주)

7
航 건널 **항**
획수: **10** 부수: **舟** >>> 형성문자
舟 + 亢(항)

航空(항공) / **航路**(항로) / **航海**(항해) / **出航**(출항) / **就航**(취항)

161

衣 옷 의   ネ 옷의변

위에 입는 옷을 표현한 글자이다.
글자에서 왼쪽에 사용될 때는 ネ으로 쓰이는데 '옷의변'이라 한다.
衣자 부수에 속하는 한자는 대개 옷과 관계된 뜻을 지닌다.

2급

1

袋 자루 **대**
획수: **11** 부수: **衣**   >>> 형성문자
衣 + 代(대)

麻袋(마대) 거친 삼실로 짠 자루
布袋(포대) 포목으로 만든 자루

2

裸 벌거숭이 **라**
획수: **13** 부수: **衣**   >>> 형성문자
ネ + 果(과) (→ 果의 전음이 음을 나타냄)

裸體(나체) 알몸
赤裸裸(적나라) ❶ 아무것도 몸에 걸치지 않고 발가벗은 모양
                ❷ 숨김없이 본디 모습 그대로 드러남
全裸(전라) 벌거벗은 알몸뚱이

3

裂 찢을 **렬**
획수: **12** 부수: **衣**   >>> 형성문자
衣 + 列(렬)

決裂(결렬) 의견이 맞지 않아 관계를 끊고 갈라짐

龜裂(균열) 거북 등의 껍데기처럼 갈라져서 터짐
分裂(분열) 나뉘어 찢어짐
破裂(파열) 내부의 압력으로 말미암아 짜개지거나 갈라서 터짐

4 裏 속 리
획수: **13** 부수: 衣　　　　　　　　　　　　　　　>>> 형성문자
衣 + 里(리)

裏面(이면) ❶ 속. 안
❷ 겉으로 드러나지 않은 속사정
裏書(이서) 어음, 수표 등의 소유자가 그것의 뒷면에 필요한 사항을 적고 서
명하여 상대편에게 주는 일
腦裏(뇌리) 머릿속

5 裵 옷치렁거릴 배
획수: **14** 부수: 衣　　　　　　　　　　　　　　　>>> 형성문자
衣 + 非(비) (→ 非의 전음이 음을 나타냄)

6 裳 치마 상
획수: **14** 부수: 衣　　　　　　　　　　　　　　　>>> 형성문자
衣 + 尙(상)

衣裳(의상) 저고리와 치마. 옷

7 衰 쇠잔할 쇠¹ / 상복 최²
획수: **10** 부수: 衣　　　　　　　　　　　　　　　>>> 상형문자
풀로 만든 도롱이의 모양. 쇠하다는 뜻은 음의 차용

衰弱(쇠약) 몸이 쇠하여 약해짐
衰退(쇠퇴) 쇠하여 전보다 못해짐
衰服(최복) 부모, 조부모의 상에 입는 상복(喪服)
老衰(노쇠) 늙어서 심신이 쇠약함

8 **襲** 엄습할 **습**

획수: **22** 부수: **衣**　　　　　　　　　　>>> 형성문자

衣 + 龍[龘(습)의 생략형]

襲擊(습격) 갑자기 적을 덮쳐 침
奇襲(기습) 은밀히 움직여 갑자기 들이침
世襲(세습) 대를 이어 물려주거나 물려받음
因襲(인습) 옛 관습을 따름

9 **袁** 옷길 **원**

획수: **10** 부수: **衣**　　　　　　　　　　>>> 회의문자

止 + 口 + 衣

10 **裁** 마를 **재**

획수: **12** 부수: **衣**　　　　　　　　　　>>> 형성문자

衣 + 𢦏(재)

裁可(재가) 결재하여 허가함
裁量(재량) 짐작하여 헤아림
裁判(재판) ❶ 옳고 그름을 심판함
　　　　　　 ❷ 쟁송(爭訟)을 해결하려고 법원이 내리는 판단
制裁(제재) 법이나 규율을 위반하는 행위에 대하여 가하는 처벌
中裁(중재) 다투는 사이에 들어 화해를 붙임

11 **衷** 정성 **충**

획수: **10** 부수: **衣**　　　　　　　　　　>>> 형성문자

衣 + 中(중) (→ 中의 전음이 음을 나타냄)

衷心(충심) 속에서 진정으로 우러나오는 마음
衷情(충정) 마음속에서 우러나오는 참된 정
折衷(절충) 양쪽의 좋은 점을 골라 알맞게 조화시키는 일

국어 실력으로 이어지는 수(秀) 한자: 2급 하

12

補 기울 **보**
획수: **12** 부수: **衣**　　　　　　　　　　>>> 형성문자
ネ + 甫(보)

補強(보강) / **補闕**(보궐) / **補給**(보급) / **補充**(보충) / **轉補**(전보)

13

複 겹칠 **복**
획수: **14** 부수: **衣**　　　　　　　　　　>>> 형성문자
ネ + 复(복)

複寫(복사) / **複製**(복제) / **複合**(복합) / **重複**(중복)

14

裕 넉넉할 **유**
획수: **12** 부수: **衣**　　　　　　　　　　>>> 형성문자
ネ + 谷(곡) (→ 谷의 전음이 음을 나타냄)

裕福(유복) / **富裕**(부유) / **餘裕**(여유)

15

裝 꾸밀 **장**
획수: **13** 부수: **衣**　　　　　　　　　　>>> 형성문자
衣 + 壯(장)

葬備(장비) / **裝飾**(장식) / **裝置**(장치) / **假裝**(가장) / **武裝**(무장)

16

製 지을 **제**
획수: **14** 부수: **衣**　　　　　　　　　　>>> 형성문자
衣 + 制(제)

製本(제본) / **製造**(제조) / **製品**(제품) / **手製**(수제) / **精製**(정제)

17 **被** 이불 **피**[1] / 입을 **피**[2]

획수: **10** 부수: **衣**　　　　　　　　>>> 형성문자

衣 + 皮(피)

被告(피고) / **被動**(피동) / **被拉**(피랍) / **被殺**(피살) / **被害**(피해)

국어 실력으로 이어지는 수(秀) 한자: 2급 하

辛 매울 **신**

옛날에 죄인이나 포로의 얼굴에 검은 먹으로 문신을 새길 때에 사용한
도구를 표현한 글자이다.

2급

1

辨 분별할 **변**

획수: **16** 부수: **辛**   >>> 형성문자

刀 + 辡(변)

辨明(변명) ❶ 사리를 가려내어 밝힘
          ❷ 자기 언행에 대하여 다른 사람이 납득할 수 있게 설명함
辨別(변별) ❶ 서로 다른 점을 구별함
          ❷ 시비나 선악을 분별함
辨償(변상) 끼친 손해를 물어 줌
辨證(변증) 변별하여 증명함

2

辭 말 **사**

획수: **19** 부수: **辛**   >>> 회의문자

𤔔 + 辛

𤔔(란)은 '다스림'의 뜻. 辛은 '죄를 다스리다'의 의미
일반적으로 '다스리다, 관리하다'의 뜻에서 파생되어 '말'의 뜻으로도 쓰임

辭讓(사양) 받을 것을 안 받거나 응하지 않음
辭讓之心(사양지심) 사단(四端)의 하나로, 겸손하여 남에게 사양할 줄 아는
                마음
辭職(사직) 직무를 그만두고 물러남
辭表(사표) 사직(辭職)의 뜻을 적어 제출하는 문서

修辭(수사) 말이나 글을 아름답고 정연하게 꾸미는 일

祝辭(축사) 축하의 뜻을 나타내는 말이나 글

3, 4급

3 **辯** 말잘할 **변**

획수: **21** 부수: **辛**   >>> 형성문자

言 + 䇂(변)

辯論(변론) / **辯護**(변호) / **訥辯**(눌변) / **達辯**(달변) / **抗辯**(항변)

4 **辛** 매울 **신**

획수: **7** 부수: **辛**   >>> 상형문자

辛辣(신랄) / **辛勝**(신승) / **辛時**(신시)

국어 실력으로 이어지는 수(秀) 한자: 2급 하

163

辰 별 진

단단한 껍데기로 이뤄진 조개를 표현한 글자로 보인다.

3, 4급

1 **辱** 욕될 욕

획수: **10** 부수: **辰** >>> 회의문자

辰[때] + 寸[법도]

옛날 경작의 시기를 어기면 처벌되었기 때문에 욕됨의 뜻이됨

辱說(욕설) / **凌辱**(능욕) / **侮辱**(모욕) / **榮辱**(영욕) / **恥辱**(치욕)

2 **辰** 별 진¹ / 별 신²

획수: **7** 부수: **辰** >>> 상형문자

辰時(진시) / **生辰**(생신) / **日辰**(일진)

164

金 쇠 금

쇠로 된 물건을 만들기 위한 틀이거나, 그 틀로 만든 쇠로된 물건을 표현한 글자이다.

2급

1
鑑 거울 감
획수: **22** 부수: **金**　　　　　　　　　　　　　　>> 형성문자
金 + 監(감)

鑑賞(감상) 예술 작품을 음미하고 가치를 이해함
鑑識(감식) 감정하여 식별함
鑑定(감정) 사물의 진짜와 가짜. 좋고 나쁨 등을 가려내는 일
龜鑑(귀감) 모범. 본보기

2
鉀 갑옷 갑
획수: **13** 부수: **金**　　　　　　　　　　　　　　>>> 형성문자
金 + 甲(갑)

3
鍵 자물쇠 건
획수: **17** 부수: **金**　　　　　　　　　　　　　　>>> 형성문자
金 + 建(건)

鍵盤(건반) 피아노, 오르간 등의 앞부분에 있는 흑백의 작은 판(板)
關鍵(관건) ❶ 빗장과 자물쇠
　　　　　　❷ 문제 해결에 꼭 있어야 하는 것

4 **鑛** 쇳돌 **광**

획수: **23** 부수: **金** >>> 형성문자

金 + 廣(광)

鑛物(광물) 지각(地殼) 속에 섞여 있는 천연 무기물. 철, 석탄, 금 따위
鑛山(광산) 광물을 캐내는 곳
採鑛(채광) 광물을 캐냄
炭鑛(탄광) 석탄을 캐내는 광산

5 **錦** 비단 **금**

획수: **16** 부수: **金** >>> 형성문자

帛 + 金(금)

錦上添花(금상첨화) 비단 위에 꽃을 더함
錦繡江山(금수강산) 비단에 수를 놓은 듯한 강산
　　　　　　　❶ '아름다운 자연'을 이름
　　　　　　　❷ '우리나라'의 비유
錦衣夜行(금의야행) 비단옷을 입고 밤에 돌아다님. '아무 보람 없는 일을 자
　　　　　　　랑스레 함'의 비유
錦衣還鄕(금의환향) 비단옷을 입고 고향에 돌아옴

6 **鍛** 쇠불릴 **단**

획수: **17** 부수: **金** >>> 형성문자

金 + 段(단)

鍛鍊(단련) ❶ 쇠붙이를 불림
　　　　　　❷ 몸과 마음을 닦아 기름

7 **鈍** 둔할 **둔**

획수: **12** 부수: **金** >>> 형성문자

金 + 屯(둔)

鈍感(둔감) 감각이나 감정이 무딤
鈍才(둔재) 재주가 둔함 또는 그런 사람
鈍濁(둔탁) ❶ 성질이 굼뜨고 흐리터분함
❷ 소리가 굵고 거침
愚鈍(우둔) 어리석고 무딤

8   鍊 단련할 련
획수: **17** 부수: **金**   >>> 형성문자
金 + 柬(간) (→ 柬의 전음이 음을 나타냄)

鍊磨(연마) 심신, 지식, 기능 따위를 갈고닦음
鍊習(연습) 학문, 기예 따위를 되풀이하여 익힘
鍛鍊(단련) 쇠붙이를 불림
修鍊(수련) 정신, 학문, 기술 따위를 닦아서 단련함

9   錫 주석 석
획수: **16** 부수: **金**   >>> 형성문자
金 + 易(역) (→ 易의 전음이 음을 나타냄)

朱錫(주석) 합금 재료로 쓰이는 은백색 광택이 나는 금속

10   鎖 쇠사슬 쇄
획수: **18** 부수: **金**   >>> 형성문자
金 + 貨(쇄)

鎖國(쇄국) 나라의 문호를 닫고 외국과의 왕래를 끊음
封鎖(봉쇄) ❶ 봉하여 잠금
❷ 외부와의 연락을 끊음
連鎖(연쇄) ❶ 물건과 물건을 이어 매는 사슬
❷ 사슬처럼 서로 이음
閉鎖(폐쇄) 닫아 걺

11 **銖** 중량이름 **수**
획수: **14** 부수: **金**   >>> 형성문자
金 + 朱(주) (→ 朱의 전음이 음을 나타냄)

12 **鎔** 녹일 **용**
획수: **18** 부수: **金**   >>> 형성문자
金 + 容(용)

鎔鑛爐(용광로) 쇠붙이나 광석을 녹이는 가마
鎔巖(용암) 화산에서 분출한 마그마 또는 그것이 굳어서 된 암석
鎔接(용접) 두 쇠붙이를 녹여 붙이거나 이음

13 **釣** 낚시 **조**
획수: **11** 부수: **金**   >>> 형성문자
金 + 勺(작) (→ 勺의 전음이 음을 나타냄)

釣竿(조간) 낚싯대

14 **鑄** 부어만들 **주**
획수: **22** 부수: **金**   >>> 형성문자
金 + 壽(수) (→ 壽의 전음이 음을 나타냄)

鑄物(주물) 쇠붙이를 녹여서 일정한 거푸집에 부어 만든 물건
鑄造(주조) 쇠를 녹여 부어서 물건을 만듦
鑄貨(주화) 쇠붙이를 녹여서 돈을 만듦 또는 그 돈

15 **錯** 섞일 **착**[1] / 둘 **조**[2]
획수: **16** 부수: **金**   >>> 형성문자
金 + 昔(석) (→ 昔의 전음이 음을 나타냄)

錯覺(착각) 잘못 인식함

錯亂(착란) 뒤섞이어 어지러움
錯誤(착오) 착각으로 인한 잘못
交錯(교착) 엇걸려서 뒤섞임

16 **銃** 총 총

획수: **14** 부수: **金**   >>> 형성문자

金 + 充(충) (→ 充의 전음이 음을 나타냄)

銃劍(총검) ❶ 총과 칼
          ❷ 총 끝에 꽂는 칼
銃擊(총격) 총으로 사격함
銃彈(총탄) 총알
銃砲(총포) 총(銃)이나 포(砲) 종류의 총칭
拳銃(권총) 한 손으로 다룰 수 있게 만든 작은 총

17 **鐸** 방울 탁

획수: **21** 부수: **金**   >>> 형성문자

金 + 睪(택) (→ 睪의 전음이 음을 나타냄)

木鐸(목탁) ❶ 독경이나 염불(念佛)을 할 때 치는 물건
          ❷ '세상 사람들을 지도할 만한 인물'의 비유

18 **鋪** 펼 포[1] / 가게 포[2]

획수: **15** 부수: **金**   >>> 형성문자

金 + 甫(보) (→ 甫의 전음이 음을 나타냄)

店鋪(점포) 가게. 상점

국어 실력으로 이어지는 수(秀) 한자: 2급 하

19

鏡 거울 경

획수: **19** 부수: **金** >>> 형성문자

金 + 竟(경)

水鏡(수경) / **眼鏡**(안경) / **破鏡**(파경)

20

銅 구리 동

획수: **14** 부수: **金** >>> 형성문자

金 + 同(동)

銅像(동상) / **銅錢**(동전) / **銅版**(동판) / **靑銅**(청동)

21

錄 기록할 록

획수: **16** 부수: **金** >>> 형성문자

金 + 彔(록)

錄音(녹음) / **記錄**(기록) / **目錄**(목록) / **語錄**(어록) / **抄錄**(초록)

22

銘 새길 명

획수: **14** 부수: **金** >>> 형성문자

金 + 名(명)

銘心(명심) / **感銘**(감명) / **座右銘**(좌우명)

23

鉛 납 연

획수: **13** 부수: **金** >>> 형성문자

金 + 㕣(연)

鉛筆(연필) / **亞鉛**(아연) / **黑鉛**(흑연)

24 **銳** 날카로울 **예**

획수: **15** 부수: **金**　　　　　　　　　　　　　>>> 형성문자

金 + 兌(태) (→ 兌의 전음이 음을 나타냄)

銳角(예각) / **銳利**(예리) / **新銳**(신예) / **精銳**(정예)

25 **錢** 돈 **전**

획수: **16** 부수: **金**　　　　　　　　　　　　　>>> 형성문자

金 + 戔(전)

金錢(금전) / **本錢**(본전)

26 **鐘** 쇠북 **종**

획수: **20** 부수: **金**　　　　　　　　　　　　　>>> 형성문자

金 + 童(동) (→ 童의 전음이 음을 나타냄)

警鐘(경종) / **掛鐘**(괘종) / **自鳴鐘**(자명종)

27 **鎭** 누를 **진**

획수: **18** 부수: **金**　　　　　　　　　　　　　>>> 형성문자

金 + 眞(진)

鎭壓(진압) / **鎭靜**(진정) / **鎭痛**(진통) / **鎭火**(진화)

28 **鐵** 쇠 **철**

획수: **21** 부수: **金**　　　　　　　　　　　　　>>> 형성문자

金 + 㦤(철)

鐵面皮(철면피) / **鐵壁**(철벽) / **鐵石**(철석) / **製鐵**(제철) / **寸鐵殺人**(촌철살인)

針 바늘 침¹ / 바느질할 침²

획수: **10** 부수: **金**

>>> 형성문자

金 + 十(십) (→ 十의 전음이 음을 나타냄)

針小棒大(침소봉대) / **毒針**(독침) / **方針**(방침)

165

소금밭 **로**

바구니와 같은 기구에 담겨져 있는 소금을 표현한 글자로 보인다.

2급

1

鹽 소금 염

획수: **24** 부수: 鹵   >>> 형성문자

鹵 + 監(감) (→ 監의 전음이 음을 나타냄)

鹽分(염분) 소금기
鹽素(염소) 자극적인 냄새가 나는 황록색의 기체
鹽田(염전) 바닷물을 태양열로 증발시켜 소금을 만드는 밭
製鹽(제염) 소금을 만듦

鼓 북 고

북과 그 북을 치기위해 손에 막대가 들려있는 모양을 표현한 글자이다.

2급

1

鼓 북 고

획수: **13** 부수: **鼓**   >>> 회의문자

壴 + 支

'壴(주)'는 북을 본뜬 것. '支(지)'는 손에 채를 잡고 치는 모양을 본뜸

鼓手(고수) 북이나 장구를 치는 사람
鼓舞(고무) 북을 치며 춤을 춘다는 뜻으로, 격려하여 기세를 돋움

168

덮을 멱

무언가 늘어뜨려서 덮고 있는 모양을 표현한 글자이다.

2급

1

冥 어두울 **명**

획수: **10** 부수: 冖   >>> 형성문자

日 + 六 + 冖(멱) (→ 冖의 전음이 음을 나타냄)

冥福(명복) 죽은 뒤에 저승에서 받는 행복
冥想(명상) 눈을 감고 고요히 생각함 또는 그렇게 하는 생각

3, 4급

2

冠 갓 **관**

획수: **9** 부수: 冖   >>> 형성문자

冖 + 寸 + 元(원)
'元'은 관을 쓴 사람. '冖(멱)'은 덮다의 뜻

冠禮(관례) / **冠婚喪祭**(관혼상제) / **衣冠**(의관)

169

几 안석 **궤**

사람이 앉을 때에 벽에 세우고 몸을 뒤쪽으로 기대는 방석인 안석을 표현한 글자이다.

2급

1
凱 개선할 **개**
획수: **12** 부수: 几 　　　　　　　　　　　　 >>> 형성문자
'豈(개)'가 본자. 그것에 几를 더한 것

凱歌(개가) 개선할 때 부르는 노래. 승리를 축하하는 노래
凱旋(개선) 싸움에 이기고 돌아옴

2
凰 봉황새 **황**
획수: **11** 부수: 几 　　　　　　　　　　　　 >>> 형성문자
几 + 皇(황)

鳳凰(봉황) 상서롭게 여기던 상상의 새

3, 4급

3
凡 무릇 **범**
획수: **3** 부수: 几 　　　　　　　　　　　　 >>> 상형문자
바람을 안은 돛의 상형. 전하여 '모두', '대체로'의 뜻이 되었다

凡夫(범부) / **凡常**(범상) / **非凡**(비범) / **平凡**(평범)

137

170 匸 상자 방

한쪽을 향해 그 입구가 터져있는 네모난 상자를 표현한 글자이다.

1

匿 숨길 닉

획수: **11** 부수: 匸 　　　　　　　　　　　　　　　　>>> 형성문자

匸 + 若(약) (→ 若의 전음이 음을 나타냄)

匿名(익명) 이름을 숨김
隱匿(은닉) 숨기어서 감춤

2

區 구역 구

획수: **11** 부수: 匸 　　　　　　　　　　　　　　　　>>> 회의문자

匸[감춤] + 品[물건]
물건을 감춤의 뜻. 전하여 작게 나눔, 구역의 뜻이 됨

區間(구간) / **區內**(구내) / **區別**(구별) / **區域**(구역) / **區劃**(구획) / **地區**(지구)

3

匹 짝 필

획수: **4** 부수: 匸 　　　　　　　　　　　　　　　　>>> 형성문자

匸 + 八(팔) (→ 八의 전음이 음을 나타냄)

匹夫匹婦(필부필부) / **匹敵**(필적) / **配匹**(배필)

171

卜 점 복

거북 껍데기에 홈을 파고 불로 지져서 생긴 갈라진 무늬를 표현한 글자이다.

2급

1 **卦** 점괘 **괘**

획수: **8** 부수: **卜** >>> 형성문자

卜 + 圭(규) (→ 圭의 전음이 음을 나타냄)

占卦(점괘) 점을 쳐서 나오는 괘
八卦(팔괘) 복희씨(伏羲氏)가 지었다는 여덟 가지 괘

2 **卞** 조급할 **변**

획수: **4** 부수: **卜** >>> 상형문자

본래 '弁(변)'의 생략자로 고깔의 본뜬 모습
파생하여 '조급하다'의 뜻을 나타냄

卞急(변급) 참을성이 없고 급함

3, 4급

3 **卜** 점 **복**[1] / 짐 **복**[2]

획수: **2** 부수: **卜** >>> 상형문자

卜師(복사) / **卜馱**(복태)

139

4

占 점 점[1] / 차지할 점[2]

획수: **5** 부수: **卜** >>> 회의문자

卜[점] + 口[(=問) 물음]
점괘로 길흉을 묻는다는 의미

占據(점거) / **占領**(점령) / **占術**(점술) / **占有**(점유) / **獨占**(독점)

172

작을 요

가늘고 작은 실이 타래진 모양을 표현한 글자이다.
糸[실 사]자의 윗부분만 나타냈다.

2급

1

幽 그윽할 **유**

획수: **9** 부수: **幺**　　　　　　　　　　　　　　　　>>> 회의문자

丝[微少(미소)함] + **戌**[지킴]
적을 방어함에는 위험의 조짐, 기미를 알아야 한다는 의미

幽靈(유령) 죽은 사람의 혼령
幽明(유명) ❶ 어두움과 밝음
　　　　　　❷ 저승과 이승
　　　　　　❸ 음(陰)과 양(陽)
幽閉(유폐) 깊숙이 가두어 둠

2

幻 허깨비 **환**

획수: **4** 부수: **幺**　　　　　　　　　　　　　　　　>>> 상형문자

予[주다]를 거꾸로 한 모양. 주는 척하고 안 준다는 의미

幻滅(환멸) 기대나 희망의 환상이 사라졌을 때 느끼는 허무한 심정
幻想(환상) 현실에 없는 것을 있는 것처럼 느끼는 망상(妄想)
幻生(환생) 형상(刑象)을 바꿔서 다시 태어남
幻影(환영) 있지 않은 것이 존재하는 것처럼 보이거나, 사실이 아닌 것이 사
　　　　　실처럼 느껴지는 것

3 幾 몇 기¹ / 기미 기²

획수: **12** 부수: **幺**　　　　　　　　　　　　　>>> 회의문자

丝[미소 유] + **戍**[지킬 수]

적을 방어함에 있어 위험의 조짐을 알아야 한다는 뜻

幾微(기미) / **幾何**(기하)

4 幼 어릴 유

획수: **5** 부수: **幺**　　　　　　　　　　　　　>>> 회의문자

幺 + **力**

태어나서 아직 힘이 약함을 나타냄

幼年(유년) / **幼兒**(유아) / **幼稚**(유치)

173 糸 실 사

가는 실이 한 타래 묶인 모양을 표현한 글자이다.
糸자를 부수로 삼는 한자의 뜻은 대부분 실의 종류나 성질 및 직물과
관련이 있다.

2급

1 綱 벼리 강

획수: **14** 부수: **糸** >>> 형성문자
糸 + 岡(강)

綱領(강령) ❶ 일의 으뜸 되는 줄거리
❷ 정당이나 단체에서 그 취지, 목적, 계획 따위를 정한 것
大綱(대강) 대체의 줄거리
要綱(요강) 중요한 골자

2 絹 비단 견

획수: **13** 부수: **糸** >>> 형성문자
糸 + 肙(연) (→ 肙의 전음이 음을 나타냄)

絹帛(견백) 명주실로 짠 비단
絹絲(견사) 누에고치에서 뽑은 실. 명주실

3 繫 맬 계

획수: **19** 부수: **糸** >>> 형성문자
糸 + 毄(계)
'毄'는 수레와 수레가 맞닿아 부딪히다의 뜻
'糸'가 덧붙여져 '이어지다'의 뜻을 나타냄

繫留(계류) ❶ 붙잡아 매어 놓음

　　　　　❷ 사건이 해결되지 않고 매어 있음

連繫(연계) 서로 밀접한 관계를 가짐 또는 그러한 관계

4　　**絞** 목맬 교[1] / 초록빛 효[2]

획수: **12** 부수: **糸**　　　　　　　　　　　>>> 형성문자

糸 + 交(교)

絞殺(교살) 목을 졸라 죽임

絞首(교수) 목을 매어 죽임

5　　**糾** 살필 규

획수: **8** 부수: **糸**　　　　　　　　　　　>>> 형성문자

糸 + 丩(규)

糾明(규명) 철저히 조사하여 사실을 밝힘

糾彈(규탄) 죄를 적발하여 탄핵함

糾合(규합) 사람을 한데 모음

紛糾(분규) 일이 뒤얽혀 말썽이 많고 시끄러움

6　　**緊** 긴요할 긴

획수: **14** 부수: **糸**　　　　　　　　　　　>>> 형성문자

糸 + 臤(견) (→ 臤의 전음이 음을 나타냄)

緊急(긴급) 일이 아주 중요하고 급함

緊密(긴밀) 매우 가까워 빈틈이 없음

緊要(긴요) 매우 필요함. 아주 중요함

緊縮(긴축) ❶ 바싹 줄임

　　　　　❷ 재정을 든든히 하고자 지출을 크게 줄임

7　　**絡** 이을 락

획수: **12** 부수: **糸**　　　　　　　　　　　>>> 형성문자

糸 + 各(각) (→ 各의 전음이 음을 나타냄)

經絡(경락) 침을 놓거나 뜸을 뜨는 자리
脈絡(맥락) ❶ 혈관의 계통
         ❷ 사물이 잇닿아 있는 연계나 연관
連絡(연락) ❶ 서로 연고(緣故)를 맺음
         ❷ 정보를 알림
         ❸ 이어짐

8

累 여러 루¹ / 폐끼칠 루²

획수: **11** 부수: **糸**   >>> 형성문자

糸 + 田[=畾(뢰)]
'畾(뢰)'는 '포개다'의 뜻
실을 차례로 겹쳐 포개다의 의미를 나타낸다

累卵之勢(누란지세) 알을 포개어 놓은 형세. '몹시 위태로운 상태'의 비유
累積(누적) 포개어 쌓음 또는 포개져 쌓임
累進(누진) 수량, 가격이 많아짐에 따라 그에 대한 비율도 높아지는 일
連累(연루) 남의 범죄에 관계됨

9

網 그물 망

획수: **14** 부수: **糸**   >>> 형성문자

糸 + 罔(망)

網羅(망라) ❶ 그물
         ❷ 널리 빠짐없이 모음
網膜(망막) 안구(眼球)의 가장 안쪽에 있는 시신경(視神經)이 분포되어 있
         는 막
網紗(망사) 그물처럼 성기게 짠 깁
漁網(어망) 물고기를 잡는 그물
投網(투망) 그물을 던짐

145

10 　**綿** 솜 **면**

획수: **14** 부수: **糸**　　　　　　　　　　　　　　　>>> 회의문자

糸 + 帛[비단 백]

綿綿(면면) 끊어지지 않고 죽 이어지는 모양
綿密(면밀) 자세하여 빈틈이 없음
綿絲(면사) ❶ 무명실
　　　　　　❷ 솜과 실
純綿(순면) 무명실만으로 짠 직물

11 　**紊** 어지러울 **문**

획수: **10** 부수: **糸**　　　　　　　　　　　　　　　>>> 형성문자

糸 + 文(문)

紊亂(문란) 도덕, 질서 등이 뒤죽박죽이 되어 어지러움

12 　**紡** 자을 **방**

획수: **10** 부수: **糸**　　　　　　　　　　　　　　　>>> 형성문자

糸 + 方(방)

紡絲(방사) 섬유를 자아서 실을 뽑음 또는 그 실
紡績(방적) 동식물의 섬유를 가공하여 실을 뽑는 일
紡織(방직) 실을 뽑는 일과 피륙을 짜는 일

13 　**縫** 꿰맬 **봉**

획수: **17** 부수: **糸**　　　　　　　　　　　　　　　>>> 형성문자

糸 + 逢(봉)

縫合(봉합) 수술한 곳을 꿰매어 붙임
彌縫(미봉) 임시변통으로 이리저리 꾸며 대어 맞춤
裁縫(재봉) 옷감을 마름질하며 바느질함 또는 그 일

14 **緒** 실마리 서
획수: **15** 부수: **糸**   >>> 형성문자
糸 + 者(자)
'者'는 '삶다'의 뜻
고치를 삶아 실을 뽑아내다의 뜻에서 '실마리'의 의미가 됨

緒戰(서전) ❶ 전쟁의 첫 번째 싸움
　　　　　　❷ 운동 경기의 첫 번째 경기
端緒(단서) 문제 해결의 실마리
頭緒(두서) 일의 차례나 갈피
情緒(정서) 마음속에서 일어나는 갖가지 감정

15 **繕** 기울 선
획수: **18** 부수: **糸**   >>> 형성문자
糸 + 善(선)

修繕(수선) 낡거나 허름한 것을 고침

16 **纖** 가늘 섬
획수: **23** 부수: **糸**   >>> 형성문자
糸 + 韱(섬)

纖纖玉手(섬섬옥수) 가냘프고 고운 여자의 손
纖細(섬세) 아주 세밀함
纖維(섬유) 실이나 털과 같이 질기고 탄력이 있는 가는 물체

17 **紹** 이을 소
획수: **11** 부수: **糸**   >>> 형성문자
糸 + 김(소)

紹介(소개) ❶ 모르는 사이를 알도록 관계를 맺어 줌
　　　　　　❷ 양편 사이에 들어서 일이 이루어지게 주선함

18　**紳** 큰띠 **신**

획수: **11** 부수: **糸**　　　　　　　　　　　　　>>> 형성문자

糸 + 申(신)

紳士(신사) ❶ 시골에 있는 벼슬아치, 또는 벼슬에서 물러난 사람
　　　　　 ❷ 교양이 있고 덕망이 높은 남자

19　**緩** 느릴 **완**

획수: **15** 부수: **糸**　　　　　　　　　　　　　>>> 형성문자

糸 + 爰(원) (→ 爰의 전음이 음을 나타냄)

緩急(완급) 느직함과 바쁨
緩行(완행) 천천히 감
緩和(완화) 급박한 것을 풀어서 느슨하게 하거나 편하게 함
弛緩(이완) 풀리어 늦추어짐

20　**緯** 씨 **위**

획수: **15** 부수: **糸**　　　　　　　　　　　　　>>> 형성문자

糸 + 韋(위)

緯度(위도) 적도(赤道)에서 남북으로 각각 평행하게 90도로 나누어 지구 표면
　　　　　을 측정하는 좌표
經緯(경위) ❶ 피륙의 날과 씨
　　　　　 ❷ 경선(經線)과 위선(緯線)
　　　　　 ❸ 경도(經度)와 위도
　　　　　 ❹ 일이 되어 온 내력

21　**紫** 자줏빛 **자**

획수: **11** 부수: **糸**　　　　　　　　　　　　　>>> 형성문자

糸 + 此(차) (→ 此의 전음이 음을 나타냄)

紫外線(자외선) 태양 광선의 스펙트럼에서 보랏빛의 바깥쪽에 나타나는 복
　　　　　　사선(輻射線)

紫朱(자주) 짙은 남빛에 붉은빛을 띤 빛

22

綜 모을 종

획수: **14** 부수: **糸**　　　　　　　　　　>>> 형성문자

糸 + 宗(종)

綜合(종합) 여러 갈래로 나누어진 것을 한데 합함

23

縱 세로 종¹ / 놓을 종²

획수: **17** 부수: **糸**　　　　　　　　　　>>> 형성문자

糸 + 宗(종)

縱斷(종단) ❶ 세로로 끊음 또는 길이로 자름
　　　　　　❷ 남북의 방향으로 건너가거나 건너옴
縱橫(종횡) ❶ 가로세로
　　　　　　❷ 자유자재
放縱(방종) 거리낌 없이 제멋대로 놀아남
操縱(조종) 마음대로 다루어 부림

24

締 맺을 체

획수: **15** 부수: **糸**　　　　　　　　　　>>> 형성문자

糸 + 帝(제) (→ 帝의 전음이 음을 나타냄)

締結(체결) 계약이나 조약을 맺음

25

縮 오그라들 축

획수: **17** 부수: **糸**　　　　　　　　　　>>> 형성문자

糸 + 宿(숙) (→ 宿의 전음이 음을 나타냄)

縮小(축소) 줄여서 작게 함
減縮(감축) 덜어서 줄임
伸縮(신축) 늘어나고 줄어듦

壓縮(압축) ❶ 압력으로 부피를 줄임
❷ 문장 등을 줄여 짧게 함

26 **編** 엮을 편¹ / 많을 변²
획수: **15** 부수: **糸**   >>> 형성문자
糸 + 扁(편)

編年(편년) 역사 기술(記述)에서 연대순으로 사실(史實)을 엮는 일
編成(편성) 흩어져 있는 것을 모아서 하나의 체계를 갖춘 것으로 만듦
編輯(편집) 여러 재료를 수집하여 책, 신문 등을 엮음
韋編三絶(위편삼절) 책을 맨 가죽 끈이 세 번 끊어짐. '열심히 독서함'의 비유
改編(개편) ❶ 책 따위를 다시 엮는 일
❷ 조직 따위를 고치어 편성함

27 **縣** 매달 현¹ / 고을 현²
획수: **16** 부수: **糸**   >>> 회의문자
木 + 糸 + 目 (→ 목을 베어 나무에 거꾸로 매달은 모양)

縣令(현령) 고려, 조선 시대에 둔 큰 현(縣)의 원(員)

3, 4급

28 **結** 맺을 결
획수: **12** 부수: **糸**   >>> 형성문자
糸 + 吉(길) (→ 吉의 전음이 음을 나타냄)

結果(결과) / **結論**(결론) / **結束**(결속) / **結者解之**(결자해지) /
結草報恩(결초보은) / **結婚**(결혼)

29 **經** 경서 경
획수: **13** 부수: **糸**   >>> 형성문자

糸 + 巠(경)

經歷(경력) / **經綸**(경륜) / **經世濟民**(경세제민) / **經營**(경영) /
經天緯地(경천위지) / **經驗**(경험)

30
系 이을 계
획수: **7** 부수: **糸**   >>> 상형문자
이어져 있는 실을 손으로 거는 모양

系譜(계보) / **系列**(계열) / **家系**(가계) / **直系**(직계)

31
繼 이을 계
획수: **20** 부수: **糸**   >>> 상형문자
실을 잇는 모양을 본떠 잇다의 뜻을 나타냄

繼母(계모) / **繼承**(계승) / **引繼**(인계) / **中繼**(중계)

32
給 줄 급
획수: **12** 부수: **糸**   >>> 형성문자
糸 + 合(합) (→ 合의 전음이 음을 나타냄)

給料(급료) / **給水**(급수) / **供給**(공급) / **配給**(배급) / **支給**(지급)

33
級 등급 급
획수: **10** 부수: **糸**   >>> 형성문자
糸 + 及(급)

級數(급수) / **階級**(계급) / **等級**(등급) / **進級**(진급)

34
紀 벼리 기
획수: **9** 부수: **糸**   >>> 형성문자

糸 + 己(기)

紀念(기념) / **紀元**(기원) / **本紀**(본기) / **世紀**(세기)

35 **納** 들일 **납**
획수: **10** 부수: **糸**　　　　　　　　　　　>>> 형성문자
糸 + 內(내) (→ '內'는 '들이다'의 뜻)

納得(납득) / **納稅**(납세) / **納品**(납품) / **出納**(출납)

36 **練** 익힐 **련**
획수: **15** 부수: **糸**　　　　　　　　　　　>>> 형성문자
糸 + 柬(간) (→ 柬의 전음이 음을 나타냄)

鍊磨(연마) / **練習**(연습) / **熟練**(숙련) / **訓練**(훈련)

37 **繁** 번성할 **번**
획수: **17** 부수: **糸**　　　　　　　　　　　>>> 형성문자
糸 + 敏(민) (→ 敏의 전음이 음을 나타냄)

繁盛(번성) / **繁殖**(번식) / **繁榮**(번영) / **繁昌**(번창)

38 **紛** 어지러울 **분**
획수: **10** 부수: **糸**　　　　　　　　　　　>>> 형성문자
糸 + 分(분)

紛糾(분규) / **紛紛**(분분) / **紛失**(분실) / **內紛**(내분)

39 **絲** 실 **사**
획수: **12** 부수: **糸**　　　　　　　　　　　>>> 회의문자
糸 + 糸

繭絲(견사) / 一絲不亂(일사불란) / 鐵絲(철사)

40 **索** 찾을 색¹ / 동아줄 삭²

획수: **10** 부수: **糸**　　　　　　　　　　　　　>>> 회의문자

宀 + 糸 + 廾

'宀(면)'은 '집'의 뜻. '廾(공)'은 두 손을 본 뜬 모양

집 안에서 새끼를 꼬다의 뜻을 나타냄

索莫(삭막) / **索引**(색인) / **思索**(사색) / **探索**(탐색)

41 **細** 가늘 세

획수: **11** 부수: **糸**　　　　　　　　　　　　　>>> 형성문자

糸 + 囟(신) (→ 囟의 전음이 음을 나타냄)

細密(세밀) / **細分**(세분) / **細心**(세심) / **零細**(영세) / **仔細**(자세)

42 **素** 흴 소

획수: **10** 부수: **糸**　　　　　　　　　　　　　>>> 회의문자

糸 + 垂[드리울 수]

고치로부터 뽑은 생사가 한 줄씩 늘어져 있음. 물들이지 않은 흰 실을 말함

素朴(소박) / **素材**(소재) / **素質**(소질) / **簡素**(간소) / **要素**(요소)

43 **續** 이을 속

획수: **21** 부수: **糸**　　　　　　　　　　　　　>>> 형성문자

糸 + 賣(육)

賣은 '屬(속)'과 통하여 '연잇다'의 뜻

실이 연달아 이어지다의 뜻에서 '잇다'의 뜻을 나타냄

續開(속개) / **續出**(속출) / **連續**(연속) / **永續**(영속)

44 純 순수할 **순**

획수: **10** 부수: **糸**　　　　　　　　　　　>>> 형성문자

糸 + 屯 (둔) (→ 屯의 전음이 음을 나타냄)

純潔(순결) / **純粹**(순수) / **純益**(순익) / **純眞**(순진) / **淸純**(청순)

45 約 묶을 **약**

획수: **9** 부수: **糸**　　　　　　　　　　　>>> 형성문자

糸 + 勺(작) (→ 勺의 전음이 음을 나타냄)

約束(약속) / **約定**(약정) / **契約**(계약) / **要約**(요약) / **制約**(제약)

46 緣 인연 **연**[1] / 가장자리 **연**[2]

획수: **15** 부수: **糸**　　　　　　　　　　　>>> 형성문자

糸 + 彖(단)

'彖'은 '두르다'의 뜻

옷 가장자리에 두른 장식에서 '가, 얽히다, 관련되다'의 뜻을 나타냄

緣木求魚(연목구어) / **緣分**(연분) / **因緣**(인연) / **血緣**(혈연)

47 維 맬 **유**

획수: **14** 부수: **糸**　　　　　　　　　　　>>> 형성문자

糸 + 隹(추) (→ 隹의 전음이 음을 나타냄)

維持(유지) / **纖維**(섬유)

48 績 길쌈할 **적**

획수: **17** 부수: **糸**　　　　　　　　　　　>>> 형성문자

糸 + 責(책)

'責'은 '積(적)'과 통하여 '쌓다'의 뜻. 실을 쌓아서 포개다의 뜻을 나타냄

功績(공적) / **成績**(성적) / **實績**(실적) / **業績**(업적)

49 **絶** 끊을 절

획수: **12** 부수: **糸** >>> 회의문자

刀 + 糸 + 巴

'巴(절)'은 사람이 무릎을 꿇은 모양

날붙이로 실을 자르다의 뜻과 합쳐져 '중단하다'의 뜻을 나타냄

絶交(절교) / **絶望**(절망) / **絶妙**(절묘) / **絶頂**(절정) / **拒絶**(거절) /
斷絶(단절)

50 **組** 짤 조

획수: **11** 부수: **糸** >>> 형성문자

糸 + 且(조)

'且'는 수북이 쌓아 올린 모습

실을 겹쳐 포개다, 끈을 엮다의 뜻을 나타냄

組閣(조각) / **組立**(조립) / **組織**(조직) / **組合**(조합)

51 **終** 마칠 종

획수: **11** 부수: **糸** >>> 형성문자

糸 + 冬(동) (→ 冬의 전음이 음을 나타냄)

終結(종결) / **終末**(종말) / **終熄**(종식) / **終身**(종신) / **終戰**(종전) /
最終(최종)

52 **紙** 종이 지

획수: **10** 부수: **糸** >>> 형성문자

糸 + 氏(지)

紙面(지면) / **紙幣**(지폐) / **破紙**(파지)

53 **織** 짤 **직**
획수: **18** 부수: **糸**　　　　　　　　　　>>> 형성문자
糸 + 戠(직)

織物(직물) / **織造**(직조) / **紡織**(방직)

54 **總** 거느릴 **총**
획수: **17** 부수: **糸**　　　　　　　　　　>>> 형성문자
糸 + 悤(총)

總計(총계) / **總括**(총괄) / **總務**(총무) / **總帥**(총수) / **總額**(총액)

55 **統** 거느릴 **통**
획수: **12** 부수: **糸**　　　　　　　　　　>>> 형성문자
糸 + 充(충) (→ 充의 전음이 음을 나타냄)

統一(통일) / **統制**(통제) / **統治**(통치) / **正統**(정통) / **血統**(혈통)

56 **絃** 악기줄 **현**
획수: **11** 부수: **糸**　　　　　　　　　　>>> 형성문자
糸 + 玄(현)

絃樂器(현악기) / **管絃**(관현) / **絶絃**(절현)

57 **紅** 붉을 **홍**
획수: **9** 부수: **糸**　　　　　　　　　　>>> 형성문자
糸 + 工(공) (→ 工의 전음이 음을 나타냄)

紅裳(홍상) / **紅一點**(홍일점) / **紅潮**(홍조)

网 그물 망

174

새나 고기를 잡는 그물을 표현한 글자이다.

2급

1

罔 없을 **망**

획수: **8** 부수: **网**   >>> 형성문자

网 + 亡(망)

罔測(망측) 정상적인 상태에서 벗어나 어이가 없거나 차마 볼 수 없음
欺罔(기망) 남을 속임

2

罷 파할 **파**[1] / 고달플 **피**[2]

획수: **15** 부수: **网**   >>> 회의문자

罒 + 能

'罒(망)'은 그물, '能(능)'은 짐승의 상형
덮친 짐승을 잡다의 뜻에서 '물리치다', '그만두게 하다'의 뜻이 파생됨

罷免(파면) 공무원의 신분을 박탈함
罷業(파업) 하던 일을 중지함
革罷(혁파) 낡아서 못 쓰게 된 것을 없앰

3, 4급

3

羅 벌일 **라**

획수: **19** 부수: **网**   >>> 회의문자

罒 + 維[이을 유]

새를 잡을 때 쓰는, 실로 만든 그물을 뜻한다

羅列(나열) / **網羅**(망라)

4 **罰** 벌줄 **벌**

획수: **14** 부수: **罒**　　　　　　　　　　>>> 회의문자

刂[(=刀) 칼] + 詈[욕함]

소소한 죄에 대해 칼을 손에 들고 꾸짖음의 뜻

罰金(벌금) / **罰則**(벌칙) / **賞罰**(상벌) / **一罰百戒**(일벌백계) / **刑罰**(형벌)

5 **署** 관청 **서**

획수: **14** 부수: **罒**　　　　　　　　　　>>> 형성문자

罒 + 者(자) (→ 者의 전음이 음을 나타냄)

署名(서명) / **官署**(관서) / **部署**(부서)

6 **罪** 허물 **죄**

획수: **13** 부수: **罒**　　　　　　　　　　>>> 형성문자

罒 + 非(비) (→ 非의 전음이 음을 나타냄)

罪目(죄목) / **罪囚**(죄수) / **罪惡**(죄악) / **犯罪**(범죄)

7 **置** 둘 **치**

획수: **13** 부수: **罒**　　　　　　　　　　>>> 형성문자

罒 + 直(직)

直은 '곧다'의 뜻

그물을 곧게 쳐서 세워두다의 뜻에서 '두다'의 의미를 나타냄

置重(치중) / **置換**(치환) / **放置**(방치) / **備置**(비치)

175

耒 쟁기 **뢰**

원시적인 형태의 쟁기를 표현한 글자이다.

2급

1 **耗** 줄일 **모**

획수: **10** 부수: **耒** >>> 형성문자

耒 + 毛(모)

磨耗(마모) 닳아서 없어짐
消耗(소모) 써서 없어짐 또는 써서 없앰

3, 4급

2 **耕** 밭갈 **경**

획수: **10** 부수: **耒** >>> 회의문자

耒 + 井 (→ 쟁기로 논을 갊의 의미)

耕作(경작) / **農耕**(농경) / **牛耕**(우경) / **休耕**(휴경)

176

襾 덮을 **아**

무언가 덮을 수 있는 물건의 형태를 표현한 글자이다.

2급

1

覆 엎을 복¹ / 덮을 부²

획수: **18** 부수: **襾**　　　　　　　　　　　　>>> 형성문자

襾 + 復(복)

覆面(복면) 얼굴을 보이지 않게 가림 또는 가리는 물건
反覆(반복) 생각이나 언행(言行)을 이랬다저랬다 하여 자꾸 고침
飜覆(번복) 이리저리 뒤쳐 고침
顚覆(전복) 뒤집혀 엎어짐

3, 4급

2

要 구할 **요**

획수: **9** 부수: **襾**　　　　　　　　　　　　>>> 상형문자

양손으로 허리를 꼭 누르는 모양. 가차되어 '구하다'의 의미가 되었다

要求(요구) / **要緊**(요긴) / **要職**(요직) / **強要**(강요) / **重要**(중요)

제11장
자연물 관련 부수

179

얼음 빙

얼음의 각(角)이 진 무늬를 표현한 글자이다.
冫자 부수에 속하는 한자는 흔히 차가운 상황과 관련되어 이뤄진 뜻을
지닌다.

2급

1

凍 얼 동

획수: **10** 부수: 冫　　　　　　　　　　　　　>>> 형성문자

冫 + 東(동)

凍結(동결) ❶ 얼어붙음
　　　　　 ❷ 자산(資産), 자금(資金) 등의 사용 및 이동을 금지함 또는 그 상태
凍傷(동상) 피부가 얼어서 상함 또는 그 상처
凍破(동파) 얼어서 터짐
解凍(해동) 얼었던 것이 녹아서 풀림

3, 4급

2

冷 찰 랭

획수: **11** 부수: 冫　　　　　　　　　　　　　>>> 형성문자

冫 + 令(령) (→ 令의 전음이 음을 나타냄)

冷却(냉각) / **冷待**(냉대) / **冷情**(냉정) / **寒冷**(한랭)

3

凉 서늘할 량

획수: **11** 부수: 冫　　　　　　　　　　　　　>>> 형성문자

涼의 속자(俗字). 冫 + 京(경)

納凉(납량) / **淸凉**(청량) / **荒凉**(황량)

180

土 흙 토

땅 위에 놓은 한 무더기 흙을 표현한 글자이다.
土자 부수에 속하는 한자는 흙의 종류나 상태, 혹은 지형이나 지역과
관련된 뜻을 지닌다.

2급

1
坑 구덩이 갱
획수: **7** 부수: **土**   >>> 형성문자
土 + 亢(항) (→ 亢의 전음이 음을 나타냄)

坑內(갱내) 갱 속. 굴속
坑道(갱도) ❶ 갱내의 길
                ❷ 땅속에 뚫어 놓은 길

2
塊 덩어리 괴
획수: **13** 부수: **土**   >>> 형성문자
土 + 鬼(귀) (→ 鬼의 전음이 음을 나타냄)

金塊(금괴) 금덩어리

3
壞 무너질 괴
획수: **19** 부수: **土**   >>> 형성문자
土 + 襄(회) (→ 襄의 전음이 음을 나타냄)

壞滅(괴멸) ❶ 깨뜨려 쪼갬. 부서져 갈라짐
                ❷ 무너져 멸망함
崩壞(붕괴) 허물어져 무너짐
破壞(파괴) 부수어 무너뜨림

4

圭 홀 규

획수: **6** 부수: **土** >>> 회의문자

참조) 홀: 천자가 제후를 봉할 때 주던 신표

土 + 土 (→ 임금으로부터 하사받은 영토를 통치함의 뜻)

圭角(규각) ❶ 옥(玉)의 뾰족한 모서리
❷ 말고 행동이 모나서 남과 잘 어울리지 않는 일

5

塘 못 당

획수: **13** 부수: **土** >>> 형성문자

土 + 唐(당)

池塘(지당) 못. 연못

6

垈 터 대

획수: **8** 부수: **土** >>> 형성문자

土 + 代(대)

垈地(대지) 집터

7

塗 바를 도

획수: **13** 부수: **土** >>> 형성문자

土 + 途(도)

塗料(도료) 물건을 썩지 않게 하거나 채색하기 위하여 그 겉에 바르는 물질
페인트, 니스 따위
塗裝(도장) 도료를 칠하거나 발라 치장함
塗炭(도탄) 진흙탕에 빠지고 숯불에 타는 괴로움. '몹시 곤란하고 괴로운 지
경'을 이름

8 埋 ^{묻을} **매**

획수: **10** 부수: **土** >>> 형성문자

土 + 里[狸(매)의 생략형]
'狸'는 묻다의 뜻. 흙속에 묻다의 뜻을 나타냄

埋立(매립) 우묵한 땅을 메움 또는 하천, 바다를 메워 육지로 만드는 일
埋沒(매몰) 파묻음, 또는 파묻힘
埋伏(매복) 몰래 숨어 있음
埋葬(매장) 죽은 사람을 땅에 묻음

9 培 ^{북돋을} **배**

획수: **11** 부수: **土** >>> 형성문자

土 + 咅(부) (→ 咅의 전음이 음을 나타냄)

培養(배양) 식물이나 미생물 따위를 인공적으로 기르는 일
栽培(재배) 식물을 심어 가꿈

10 墳 ^{무덤} **분**

획수: **15** 부수: **土** >>> 형성문자

土 + 賁(분)

墳墓(분묘) 무덤
古墳(고분) 고대의 무덤. 옛 무덤

11 塞 ^{변방} **새**¹ / ^{막을} **색**²

획수: **13** 부수: **土**

塞翁之馬(새옹지마) 변방 늙은이의 말. '인생의 길흉화복(吉凶禍福)은 변화가
　　　　　　　많아 예측하기 어려움'의 비유
要塞(요새) 국방상 중요한 지점에 구축한 방어 시설
梗塞(경색) 꽉 막힘

12 **垂** 드리울 **수**

획수: **8** 부수: **土**   >>> 형성문자

土 + 𠦶[수/ 꽃잎이 아래로 늘어진 모양의 상형]

垂簾聽政(수렴청정) 발을 드리우고 정사(政事)를 들음. 임금의 나이가 어릴 때
　　　　　　왕대비나 대왕대비가 임금을 대신하여 정사를 돌보던 일
垂直(수직) ❶ 똑바로 드리움, 또는 그 상태
　　　　　 ❷ 하나의 평면이나 직선에 대하여 90도 각도를 이루는 일

13 **壓** 누를 **압**

획수: **17** 부수: **土**   >>> 형성문자

土 + 厭(염) (→ 厭의 전음이 음을 나타냄)

壓倒(압도) ❶상대편을 눌러 넘어뜨림
　　　　　 ❷ 뛰어나게 남을 능가함
壓力(압력) 누르는 힘
抑壓(억압) 억제하여 압박함
鎭壓(진압) 억눌러서 가라앉힘

14 **堯** 요임금 **요**

획수: **12** 부수: **土**   >>> 회의문자

垚 + 兀[우뚝할 올]
굉장히 높음의 뜻

堯舜(요순) 중국 고대의 성군(聖君)인 요(堯)임금과 순(舜)임금

15 **址** 터 **지**

획수: **7** 부수: **土**   >>> 형성문자

土 + 止(지)

址臺(지대) 탑이나 집채 등의 아랫도리에 돌로 쌓은 부분

국어 실력으로 이어지는 수(秀) 한자: 2급 하

16 **塵** 티끌 **진**

획수: **14** 부수: **土** >>> 회의문자

土 + 鹿[사슴] (→ 사슴 무리가 뛰어 흙먼지가 날아오른다는 의미)

塵土(진토) 먼지와 흙
風塵(풍진) ❶ 바람과 티끌
　　　　　❷ 세상에 일어나는 어지러운 일

17 **墮** 떨어질 **타**

획수: **15** 부수: **土** >>> 형성문자

土 + 隋(타)

墮落(타락) 도덕적으로 잘못된 길로 빠짐

18 **坡** 고개 **파**

획수: **8** 부수: **土** >>> 형성문자

土 + 皮(피) (→ 皮의 전음이 음을 나타냄)

坡岸(파안) 제방의 언덕. 제방

19 **坪** 땅 평평할 **평**

획수: **8** 부수: **土** >>> 형성문자

土 + 平(평)

坪當(평당) 한 평에 대한 비율
坪數(평수) 평(坪)으로 따진 넓이
建坪(건평) 건물이 자리 잡은 터의 평수. 건축 면적

20 **壕** 해자 **호**

획수: **17** 부수: **土** >>> 형성문자

土 + 豪(호)

防空壕(방공호) 공습 때 대피하기 위하여 만든 토굴(土窟)

塹壕(참호) 적의 공격을 막기 위하여 땅에 판 좁고 긴 구덩이

3, 4급

21 **堅** 굳을 **견**

획수: **11** 부수: **土**   >>> 형성문자

土 + 臤(견)

堅固(견고) / **堅忍不拔**(견인불발) / **堅持**(견지) / **中堅**(중견)

22 **境** 지경 **경**

획수: **14** 부수: **土**   >>> 형성문자

土 + 竟(경)

境界(경계) / **國境**(국경) / **心境**(심경) / **逆境**(역경) / **環境**(환경)

23 **坤** 땅 **곤**

획수: **8** 부수: **土**   >>> 회의문자

土 + 申(신)

'申'은 끝없이 뻗다의 뜻

끝없이 뻗어있는 대지의 뜻을 나타냄

坤時(곤시) / **乾坤**(건곤)

24 **均** 고를 **균**

획수: **7** 부수: **土**   >>> 형성문자

土 + 勻(균)

均等(균등) / **均一**(균일) / **均衡**(균형) / **平均**(평균)

25

基 터 **기**

획수: **11** 부수: **土**　　　　　　　　　　>>> 형성문자

土 + 其(기)

基金(기금) / **基本**(기본) / **基調**(기조) / **基準**(기준) / **基礎**(기초)

26

壇 제터 **단**

획수: **16** 부수: **土**　　　　　　　　　　>>> 형성문자

土 + 亶(단)

講壇(강단) / **敎壇**(교단) / **文壇**(문단) / **演壇**(연단) / **花壇**(화단)

27

墓 무덤 **묘**

획수: **14** 부수: **土**　　　　　　　　　　>>> 형성문자

土 + 莫(모) (→ 莫의 전음이 음을 나타냄)

墓所(묘소) / **墓地**(묘지) / **省墓**(성묘)

28

墨 먹 **묵**

획수: **15** 부수: **土**　　　　　　　　　　>>> 회의문자

土 + 黑

'黑(흑)'은 검대의 뜻. 검댕과 흙으로 만든 '먹'의 뜻을 나타냄

墨香(묵향) / **墨畫**(묵화)

29

壁 벽 **벽**

획수: **16** 부수: **土**　　　　　　　　　　>>> 형성문자

土 + 辟(벽)

壁報(벽보) / **壁紙**(벽지) / **壁畫**(벽화) / **面壁**(면벽) / **巖壁**(암벽) /
障壁(장벽) / **絶壁**(절벽)

30 **報** 갚을 **보**
획수: **12** 부수: **土**   >>> 회의문자
羍[죄인] +𠬝[법률로 다스림] (→ 죄를 논하여 재판함의 뜻)

報告(보고) / **報答**(보답) / **報復**(보복) / **報恩**(보은) / **警報**(경보)

31 **城** 재 **성**
획수: **10** 부수: **土**   >>> 형성문자
土 + 成(성)

城郭(성곽) / **籠城**(농성) / **築城**(축성)

32 **壤** 흙 **양**
획수: **20** 부수: **土**   >>> 형성문자
土 + 襄(양)

天壤之判(천양지판) / **土壤**(토양)

33 **域** 지경 **역**
획수: **11** 부수: **土**   >>> 형성문자
土 + 或(혹) (→ 或의 전음이 음을 나타냄)

聖域(성역) / **領域**(영역) / **地域**(지역)

34 **堤** 방죽 **제**
획수: **12** 부수: **土**   >>> 형성문자
土 + 是(시) (→ 昰의 전음이 음을 나타냄)

堤防(제방) / **防波堤**(방파제)

35

坐 앉을 좌

획수: **7** 부수: **土**　　　　　>>> 회의문자

从 + 土

두 사람[人]이 흙[土] 위에 마주 앉아 있는 모습

坐不安席(좌불안석) / **坐禪**(좌선) / **坐視**(좌시) / **坐井觀天**(좌정관천)

36

增 더할 증

획수: **15** 부수: **土**　　　　　>>> 형성문자

土 + 曾(증)

增强(증강) / **增産**(증산) / **增殖**(증식) / **增資**(증자) / **割增**(할증)

37

執 잡을 집

획수: **11** 부수: **土**　　　　　>>> 회의문자

㚔[죄] + 丮[손에 잡음]

죄인을 잡음의 뜻

執權(집권) / **執念**(집념) / **執筆**(집필) / **執行**(집행) / **固執**(고집) / **我執**(아집)

38

塔 탑 탑

획수: **13** 부수: **土**　　　　　>>> 형성문자

土 + 荅(답) (→ 荅의 전음이 음을 나타냄)

佛塔(불탑) / **石塔**(석탑)

181

夕 저녁 석

달을 표현한 글자이다.

2급

1
夢 꿈 몽
획수: **14** 부수: **夕**   >>> 회의문자
夕 + 薾[瞢(눈이 잘 보이지 않음)의 생략형]

夢想(몽상) ❶실현성이 없는 헛된 생각
            ❷ 꿈속의 생각
胎夢(태몽) 아기를 밸 징조(徵兆)로 꾸는 꿈
解夢(해몽) 꿈의 길흉을 판단함

182

小 작을 소

빗방울이나 모래알과 같은 작은 물체 세 개가 흩어져 있는 모양을 표현한 글자이다.

2급

1

尖 뾰족할 첨

획수: **6** 부수: **小** >>> 회의문자

小 + 大

커다란 것의 끝이 작게 된 것. 즉, **뾰족함**의 뜻

尖端(첨단) ❶ 물건의 뾰족한 끝
❷ 사조(思潮), 유행 등의 맨 앞장
尖銳(첨예) ❶ 뾰족하고 날카로움
❷ 급진적이고 과격함

3, 4급

2

尙 오히려 상

획수: **8** 부수: **小** >>> 형성문자

八 + 向(향) (→ '向'의 전음이 음을 나타냄)

尙武(상무) / **高尙**(고상) / **崇尙**(숭상)

183

山 뫼 산

몇 개의 봉우리가 늘어서 있는 산을 표현한 글자이다.
山자를 부수로 삼는 한자는 대개 산의 일부분이나 모양과 관련된 뜻
을 지닌다.

1

岬 곶 갑

획수: **8** 부수: **山** >>> 형성문자

山 + 甲(갑)

岬角(갑각) 바다나 호수로 가늘게 뻗어 있는 육지의 끝 부분. 곶

2

岡 언덕 강

획수: **8** 부수: **山** >>> 형성문자

山 + 罓[罔(망)의 원자] (→罓의 전음이 음을 나타냄)

岡陵(강릉) 언덕이나 작은 산

3

岐 가닥나뉠 기

획수: **7** 부수: **山** >>> 형성문자

山 + 支(지) (→支의 전음이 음을 나타냄)

岐路(기로) 갈림길
分岐(분기) 나뉘어서 갈라짐

4 **崩** 무너질 **붕**

획수: **11** 부수: **山**   >>> 형성문자

山 + 朋(붕)

崩壞(붕괴) 무너짐
崩御(붕어) 천자나 왕의 죽음

5 **岳** 큰산 **악**

획수: **8** 부수: **山**   >>> 회의문자

丘[언덕] + 山 (→ 산 위에 산이 겹쳐서 솟아있는 모양)

山岳(산악) 높고 큰 산
五岳(오악) 중국에서 천자가 제사를 지내던 다섯 명산

6 **峻** 높을 **준**

획수: **10** 부수: **山**   >>> 형성문자

山 + 夋(준)

峻德(준덕) 뛰어난 덕(德)
峻嚴(준엄) 매우 엄격함
峻險(준험) 산이나 고개 따위가 높고 험함

7 **崔** 높을 **최**

획수: **11** 부수: **山**   >>> 형성문자

山 + 隹(추) (→ 隹의 전음이 음을 나타냄)

崔嵬(최외) 산이 높고 험한 모양

8 **峴** 재 **현**

획수: **10** 부수: **山**   >>> 형성문자

山 + 見(현)

9

峽 골짜기 **협**

획수: **10** 부수: **山**   >>> 형성문자

山 + 夾(협)

峽谷(협곡) 산과 산 사이의 좁은 골짜기
峽路(협로) 산속으로 난 좁은 길
海峽(해협) 육지와 육지 사이에 있는 좁고 기다란 바다

3, 4급

10

島 섬 **도**

획수: **10** 부수: **山**   >>> 형성문자

山 + 鳥[=鳥(조)] (→鳥의 전음이 음을 나타냄)

島嶼(도서) / **群島**(군도) / **半島**(반도) / **列島**(열도)

11

嶺 재 **령**

획수: **17** 부수: **山**   >>> 형성문자

山 + 領(령)

分水嶺(분수령)

12

峯 봉우리 **봉**

획수: **10** 부수: **山**   >>> 형성문자

山 + 夆(봉)

主峯(주봉) / **最高峰**(최고봉)

13

崇 높일 **숭**

획수: **11** 부수: **山**   >>> 형성문자

山 + 宗(종)

崇高(숭고) / 崇拜(숭배) / 崇尙(숭상) / 尊崇(존숭)

14 **岸** 언덕 안

획수: **8** 부수: **山**   >>> 형성문자

山 + 厈(엄) (→ 厈의 전음이 음을 나타냄)

沿岸(연안) / 彼岸(피안) / 海岸(해안)

15 **巖** 바위 암

획수: **23** 부수: **山**   >>> 형성문자

山 + 嚴(엄) (→ 嚴의 전음이 음을 나타냄)

巖盤(암반) / 巖壁(암벽) / 巖石(암석) / 鎔巖(용암)

 개미허리 내 천

물이 흐르는 내를 표현한 글자이다.

3, 4급

1
巡 돌 순
획수: **7** 부수: 巛 >>> 회의문자
辶[쉬엄쉬엄갈 착] + 巛[돌아 흐름]

巡訪(순방) / **巡視**(순시) / **巡察**(순찰) / **巡廻**(순회) / **一巡**(일순)

2
州 고을 주
획수: **6** 부수: 巛 >>> 상형문자
강 하류에 만들어진 '삼각주'를 그린 것이다

州縣(주현)

국어 실력으로 이어지는 수(秀) 한자: 2급 하

185

日 날 일

가운데에 흑점이 있는 해를 표현한 글자이다.
日자 부수에 속하는 한자는 일반적으로 해와 관련되어 이뤄진 뜻을
지닌다.

2급

1

旦 아침 **단**

획수: **5** 부수: **日**　　　　　　　　　　　　　>>> 회의문자

日 + 一

해[日]가 땅[一]에서 막 솟아 올랐다는 뜻으로, '아침'을 뜻한다

元旦(원단) ❶ 설날
　　　　　 ❷ 설날 아침

2

曆 책력 **력**

획수: **16** 부수: **日**　　　　　　　　　　　　>>> 형성문자

日 + 厤(력)

陽曆(양력) 지구가 태양의 둘레를 한 번 회전하는 시간을 1년으로 삼는 달력
陰曆(음력) 달의 만월(滿月)에서 반월까지의 시간을 기준으로 만든 달력
冊曆(책력) 천체를 측정하여 해와 달의 움직임과 절기를 적어 놓은 책

3

昧 어두울 **매**

획수: **9** 부수: **日**　　　　　　　　　　　　　>>> 형성문자

日 + 未(미) (→ 未의 전음이 음을 나타냄)

蒙昧(몽매) 사리에 어둡고 어리석음

三昧(삼매) 하나의 대상에만 정신을 집중시켜 마음이 흔들리지 않는 경지
　　　삼매경(三昧境)

曖昧(애매) 확실하지 못함

愚昧(우매) 어리석고 몽매함

4　**旻** 하늘 **민**

획수: **8** 부수: **日**　　　　　　　　　　　　　　>>> 형성문자

日 + 文(문) (→ 文의 전음이 음을 나타냄)

旻天(민천) ❶ 가을 하늘
　　　　　❷ 뭇사람을 사랑으로 돌보아 주는 어진 하늘

5　**昭** 밝을 **소**

획수: **9** 부수: **日**　　　　　　　　　　　　　　>>> 형성문자

日 + 召(소)

昭詳(소상) 분명하고 자세함

6　**昇** 오를 **승**

획수: **8** 부수: **日**　　　　　　　　　　　　　　>>> 형성문자

日 + 升(승)

昇降(승강) 오르고 내림
昇格(승격) 격을 올림. 격이 높아짐
昇進(승진) 직위가 오름
昇天(승천) ❶ 하늘에 오름
　　　　　❷ 죽음
上昇(상승) 위로 올라감

7　**晨** 새벽 **신**

획수: **11** 부수: **日**　　　　　　　　　　　　　>>> 형성문자

日 + 辰(신/진)

晨星(신성) 새벽하늘에 보이는 별

8 **晏** 늦을 **안**
획수: **10** 부수: **日**　　　　　　　>>> 형성문자
日 + 安(안)

9 **旺** 왕성할 **왕**
획수: **8** 부수: **日**　　　　　　　>>> 형성문자
日 + 王(왕)

旺盛(왕성) 잘되어 한창 성함

10 **旭** 아침해 **욱**
획수: **6** 부수: **日**　　　　　　　>>> 형성문자
日 + 九(구) (→ 九의 전음이 음을 나타냄)

旭日昇天(욱일승천) 아침 해가 떠오름. '왕성한 기세나 세력'의 비유

11 **曜** 빛날 **요**
획수: **18** 부수: **日**　　　　　　　>>> 형성문자
日 + 翟(적) (→ '翟'은 높이 뛰어 오르다의 뜻. '햇빛'의 뜻을 나타냄)

曜曜(요요) 빛나는 모양
曜日(요일) 한 주일의 각 날을 이름

12 **暫** 잠깐 **잠**
획수: **15** 부수: **日**　　　　　　　>>> 형성문자

日 + 斬(참) (→ '斬'의 전음이 음을 나타냄)

暫時(잠시) 짧은 시간. 잠깐
暫定(잠정) 임시로 정함

13   **晶** 수정 **정**
획수: **12** 부수: **日**   >>> 회의문자
日을 세 개 겹쳐, 맑고 깨끗한 빛의 뜻을 나타냄

結晶(결정) ❶ 원자나 분자들이 규칙적으로 배열되어 이루어진 고체(固體)
                 ❷ 애써 이루어 놓은 보람 있는 결과
水晶(수정) 석영(石英)이 육각기둥 꼴로 결정(結晶)된 것

14   **旨** 뜻 **지**
획수: **6** 부수: **日**   >>> 회의문자
日[甘 달 감] + 匕[숟가락]
맛있는 것을 숟가락으로 입안에 넣음의 뜻. 가차하여 '뜻'의 의미를 나타냄

論旨(논지) 의론의 요지
要旨(요지) 말, 글 등의 중요한 뜻
趣旨(취지) 근본이 되는 뜻

15   **暢** 화창할 **창**
획수: **14** 부수: **日**   >>> 형성문자
申 + 昜(양) (→ 昜의 전음이 음을 나타냄)

流暢(유창) 글을 읽거나 하는 말이 거침없음
和暢(화창) 날씨가 온화하고 맑음

16   **旱** 가물 **한**
획수: **7** 부수: **日**   >>> 형성문자
日 + 干(간) (→ 干의 전음이 음을 나타냄)

旱魃(한발) ❶ 가뭄
❷ 가물을 맡고 있다는 귀신

17 昊 하늘 호
획수: **8** 부수: **日**   >>> 형성문자
日 + 夭[臭(오)의 생략형] (→ 臭의 전음이 음을 나타냄)

昊天(호천) 하늘. 여름 하늘
昊天罔極(호천망극) 하늘은 끝이 없음. '부모의 은혜가 크고 한이 없음'을
이름

18 晧 밝을 호
획수: **11** 부수: **日**   >>> 형성문자
日 + 告(고) (→ 告의 전음이 음을 나타냄)

19 曉 새벽 효
획수: **16** 부수: **日**   >>> 형성문자
日 + 堯(요) (→ 堯의 전음이 음을 나타냄)

曉星(효성) ❶새벽하늘에 드문드문 보이는 별
❷ 샛별. 金星(금성)

3, 4급

20 暇 겨를 가
획수: **13** 부수: **日**   >>> 형성문자
日 + 叚(가)

餘暇(여가) / 閑暇(한가) / 休暇(휴가)

21 **景** 볕 **경**
획수: **12** 부수: **日**　　　　　　　　　　　　>>> 형성문자
日 + 京(경)

景致(경치) / **光景**(광경) / **絶景**(절경)

22 **暖** 따뜻할 **난**
획수: **13** 부수: **日**　　　　　　　　　　　　>>> 형성문자
日 + 爰(원) (→ 爰의 전음이 음을 나타냄)

暖帶(난대) / **暖流**(난류) / **溫暖**(온난) / **寒暖**(한난)

23 **晚** 늦을 **만**
획수: **11** 부수: **日**　　　　　　　　　　　　>>> 형성문자
日 + 免(면) (→ 免의 전음이 음을 나타냄)

晚年(만년) / **晚時之歎**(만시지탄) / **晚餐**(만찬) / **晚秋**(만추) / **晚學**(만학)

24 **暮** 저물 **모**
획수: **15** 부수: **日**　　　　　　　　　　　　>>> 형성문자
日 + 莫(모) (→ '莫'는 해 저물 때의 뜻)

歲暮(세모)

25 **普** 넓을 **보**
획수: **12** 부수: **日**　　　　　　　　　　　　>>> 형성문자
日 + 並(=竝/병)
'竝'은 나란히 퍼지다의 뜻. 햇빛이 널리 퍼지다의 의미를 나타냄

普及(보급) / **普通**(보통) / **普遍**(보편)

26 **暑** 더울 서
획수: **13** 부수: **日** >>> 형성문자
日 + 者(자)
'者'는 섶을 모아 쌓고 태우다의 뜻
태양이 물건을 찔 정도로 뜨겁다의 의미를 나타냄

大暑(대서) / **小暑**(소서) / **處暑**(처서) / **避暑**(피서) / **酷暑**(혹서)

27 **昔** 옛 석
획수: **8** 부수: **日** >>> 회의문자
日 + 廿(卌)

昔人(석인) / **今昔之感**(금석지감)

28 **星** 별 성
획수: **9** 부수: **日** >>> 형성문자
日 + 生(생) (→ '生'의 전음이 음을 나타냄)

彗星(혜성) / **曉星**(효성)

29 **旬** 열흘 순
획수: **6** 부수: **日** >>> 회의문자
勹[싸다] + 日 (→ 열흘을 일컬음)

上旬(상순) / **七旬**(칠순)

30 **是** 이 시
획수: **9** 부수: **日** >>> 회의문자
日 + 正 (→ 태양의 운행을 바르다는 의미)

是非(시비) / **是非之心**(시비지심) / **是認**(시인) / **是正**(시정)

31 **暗** 어두울 **암**

획수: **13** 부수: **日**　　　　　　　　　　　　　　　　　>>> 형성문자

日 + 音(음) (→ 音의 전음이 음을 나타냄)

暗記(암기) / **暗殺**(암살) / **暗示**(암시) / **暗中摸索**(암중모색) /
暗行(암행) / **明暗**(명암)

32 **易** 바꿀 **역**¹ / 쉬울 **이**²

획수: **8** 부수: **日**　　　　　　　　　　　　　　　　　>>> 상형문자

도마뱀의 모양. 도마뱀은 색깔이 변하기 때문에 변함, 바꿈의 뜻이 됨

易地思之(역지사지) / **交易**(교역) / **貿易**(무역) / **簡易**(간이) / **容易**(용이)

33 **映** 비칠 **영**

획수: **9** 부수: **日**　　　　　　　　　　　　　　　　　>>> 형성문자

日 + 央(앙) (→ 央의 전음이 음을 나타냄)

映像(영상) / **映畫**(영화) / **放映**(방영) / **上映**(상영)

34 **早** 일찍 **조**

획수: **6** 부수: **日**　　　　　　　　　　　　　　　　　>>> 회의문자

日 + 甲[시작] (→ 일광이 쬐기 시작함의 의미)

早期(조기) / **早熟**(조숙) / **早失父母**(조실부모) / **早退**(조퇴)

35 **智** 슬기 **지**

획수: **12** 부수: **日**　　　　　　　　　　　　　　　　　>>> 형성문자

日 + 知(지)

智略(지략) / **智將**(지장) / **智慧**(지혜) / **機智**(기지)

36 昌 창성할 **창**

획수: **8** 부수: **日**

>>> 회의문자

日 + 日 (→ 두 개의 日자로 '밝다'의 의미를 나타냄)

昌盛(창성) / **繁昌**(번창)

37 晴 갤 **청**

획수: **12** 부수: **日**

>>> 형성문자

日 + 靑(청)

晴朗(청랑) / **快晴**(쾌청)

38 暴 사나울 포[1], 폭[2] / 드러낼 폭[3]

획수: **15** 부수: **日**

>>> 회의문자

日 + 出 + 廾[양손] + 米[쌀] (→ 쌀을 햇볕에 찜의 뜻)

暴君(폭군) / **暴動**(폭동) / **暴力**(폭력) / **暴言**(폭언) / **暴行**(폭행) / **橫暴**(횡포)

39 昏 어두울 **혼**

획수: **8** 부수: **日**

>>> 회의문자

日 + 氏 (→ 해가 서쪽에 떨어짐의 뜻)

昏迷(혼미) / **昏睡**(혼수) / **昏絶**(혼절) / **昏定晨省**(혼정신성) / **黃昏**(황혼)

186

月 달 월

이지러진 달을 표현한 글자이다.

2급

1 **朗** 밝을 **랑**

획수: **11** 부수: **月**   >>> 형성문자

月 + 良(량) (→ 良의 전음이 음을 나타냄)

朗讀(낭독) 소리를 높여 읽음
朗報(낭보) 유쾌한 소식. 기쁜 소식
朗誦(낭송) 시, 문장 등을 소리 높여 읽음
明朗(명랑) 우울한 빛이 없이 유쾌하고 활발함

2 **朔** 초하루 **삭**

획수: **10** 부수: **月**   >>> 형성문자

月 + 屰(역)
'屰'은 되돌아가다의 뜻
완전히 이지러진 달이 다시 되돌아가는 초하루의 뜻

朔望(삭망) 초하루와 보름. 음력 1일과 15일
滿朔(만삭) 아이를 낳을 달이 참

3   **期** 기약할 **기**

획수: **12** 부수: **月**   >>> 형성문자

月 + 其(기)

期間(기간) / **期限**(기한) / **滿期**(만기) / **適期**(적기)

4   **望** 바랄 **망**

획수: **11** 부수: **月**   >>> 회의문자

德望(덕망) / **名望**(명망) / **所望**(소망) / **責望**(책망) / **希望**(희망)

5   **朋** 벗 **붕**

획수: **8** 부수: **月**   >>> 상형문자

몇 개의 조개를 실로 꿰어서 두 줄로 늘어놓은 모양으로 '패거리'의 뜻을 나타냄

朋黨(붕당) / **朋友**(붕우) / **朋友有信**(붕우유신)

188 水 물 수 氵 삼수변

흐르는 물을 표현한 글자이다. 水자가 글자의 왼쪽에 덧붙여질 때는 氵의 형태로 바뀌어 쓰이는데, '삼수변'이라 한다. 水자를 부수로 삼는 한자는 물과 관련된 사물이나 활동, 상태, 성질과 관련된 뜻을 지닌다.

2급

1

汽 김 기
획수: **7** 부수: **水**   >>> 형성문자
氵 +气(기)

汽罐(기관) 물을 증기로 바꾸는 장치
汽船(기선) 증기의 힘으로 물 위를 달리는 배
汽車(기차) 증기의 힘으로 궤도 위를 달리는 차

2

濃 짙을 농
획수: **16** 부수: **水**   >>> 형성문자
氵 + 農(농)

濃度(농도) 액체, 빛깔의 진한 정도
濃縮(농축) 용액 등의 농도를 높임
濃厚(농후) ❶ 맛, 빛깔이 매우 짙음
　　　　　　❷ 어떤 경향, 기색 따위가 뚜렷함

3

泥 진흙 니
획수: **8** 부수: **水**   >>> 형성문자
氵 + 尼(니)

泥工(이공) 미장이

泥田鬪狗(이전투구) 진창에서 싸우는 개. '강인한 성격' 또는 '뒤섞여 어지러이 싸움'의 비유

4 溺 빠질 닉¹ / 오줌 뇨²

획수: **13** 부수: **水** >>> 형성문자

氵 + 弱(약)

'弱'은 '약하다'의 뜻. 물속에서 약해지다, 물에 빠지다의 뜻

溺死(익사) 물에 빠져 죽음

耽溺(탐닉) 어떤 일을 지나치게 즐겨 거기에 빠짐

5 潭 못 담

획수: **15** 부수: **水** >>> 형성문자

氵 + 覃(담)

潭水(담수) ❶ 못물
　　　　　 ❷ 깊은 물

潭淵(담연) 깊은 못

6 渡 건널 도

획수: **12** 부수: **水** >>> 형성문자

氵 + 度(도)

賣渡(매도) 팔아넘김

讓渡(양도) 권리, 재산 등을 남에게 넘겨줌

引渡(인도) 물건, 권리 따위를 남에게 넘겨줌

7 洛 물이름 락

획수: **9** 부수: **水** >>> 형성문자

氵 + 各(가) (→ 各의 전음이 음을 나타냄)

洛水(낙수) 산시 성에서 발원하여 허난 성을 거쳐 황허 강으로 흘러드는 강

8

濫 넘칠 **람**

획수: **17** 부수: **水**　　　　　　　　　　　　　>>> 형성문자

氵 + 監(감) (→ 監의 전음이 음을 나타냄)

濫發(남발) ❶ 지폐 등을 함부로 발행함
　　　　　　❷ 말이나 행동을 함부로 함
濫用(남용) 함부로 씀
濫獲(남획) 짐승 따위를 마구 잡음
氾濫(범람) 물이 넘쳐흐름

9

淚 눈물 **루**

획수: **11** 부수: **水**　　　　　　　　　　　　　>>> 형성문자

氵 + 戾(려) (→ 戾의 전음이 음을 나타냄)

催淚(최루) 눈물이 나오게 함

10

漏 샐 **루**

획수: **14** 부수: **水**　　　　　　　　　　　　　>>> 형성문자

氵 + 屚(루)
'屚'는 尸 + 雨로써, 지붕에 구멍이 나서 빗물이 샘의 뜻

漏落(누락) 응당 적히어 있어야 할 것이 적히지 않고 빠짐
漏水(누수) 물이 샘
漏電(누전) 전류가 전선 밖으로 새어 나가는 일
漏出(누출) 기체, 액체 따위가 새어 나옴
脫漏(탈루) 있어야 할 것이 빠짐

11

漠 사막 **막**

획수: **14** 부수: **水**　　　　　　　　　　　　　>>> 형성문자

氵 + 莫(막)

漠漠(막막) 넓고 아득함

국어 실력으로 이어지는 수(秀) 한자: 2급 하

砂漠(사막) 모래와 자갈로 뒤덮이고 강우량이 적어 식물이 거의 자라지 않는 넓은 지대

索漠(삭막) 황폐하여 쓸쓸함

12 **漫** 질펀할 **만**

획수: **14** 부수: **水**　　　　　　　　　　　　>>> 형성문자

氵 + 曼(만)

漫談(만담) 익살스러운 말로 세상과 인정을 풍자하는 이야기
漫評(만평) 일정한 체계 없이 생각나는 대로 하는 평
放漫(방만) 하늘 일이나 생각이 야무지지 못하고 엉성함
散漫(산만) 흩어져 통일성이 없음

13 **灣** 물굽이 **만**

획수: **14** 부수: **水**　　　　　　　　　　　　>>> 형성문자

氵 + 彎(만)

14 **滅** 멸할 **멸**

획수: **13** 부수: **水**　　　　　　　　　　　　>>> 형성문자

氵 + 威(멸)

滅亡(멸망) 망하여 없어짐
滅私奉公(멸사봉공) 사심(私心)을 버리고 공공(公共)을 위하여 힘써 일함
滅種(멸종) 씨가 없어짐, 또는 씨를 없애 버림
消滅(소멸) 사라져 없어짐
破滅(파멸) 깨어져 망함

15 **沐** 머리감을 **목**

획수: **7** 부수: **水**　　　　　　　　　　　　>>> 형성문자

氵 + 木(목)

沐浴(목욕) 머리를 감고 몸을 씻음

16 **沒** 빠질 몰
획수: **7** 부수: **水**   >>> 형성문자
氵 + 殳(몰)

沒落(몰락) 멸망함
沒收(몰수) 부당하게 얻은 것을 강제로 거두어들임
沒廉恥(몰염치) 염치가 아주 없음
沒人情(몰인정) 인정이 아주 없음
沒入(몰입) ❶ 가라앉아 들어감
　　　　　 ❷ 어떤 일에 빠짐
沈沒(침몰) 물에 빠져 가라앉음

17 **泊** 배댈 박
획수: **8** 부수: **水**   >>> 형성문자
氵 + 白(백) (→ 白의 전음이 음을 나타냄)

宿泊(숙박) 남의 집이나 여관에서 머무름
碇泊(정박) 배가 닻을 내리고 머묾

18 **汎** 뜰 범
획수: **6** 부수: **水**   >>> 형성문자
氵 + 凡(범)

汎舟(범주) 배를 띄움
汎稱(범칭) 넓은 범위로 일컬음

19 **沙** 모래 사
획수: **7** 부수: **水**   >>> 형성문자
氵 + 少(소) (→ 少의 전음이 음을 나타냄)

沙器(사기) 백토(白土)로 구워 만든 그릇

沙漠(사막) 기후가 매우 건조하여 생물이 거의 자라지 못하는, 모래와 자갈
　　로 된 땅

沙上樓閣(사상누각) 모래 위에 지은 집. '기초가 튼튼하지 못하거나 실현 불
　　가능한 헛된 것'의 비유

土沙(토사) 흙과 모래

20

沼 늪 소

획수: **8** 부수: **水**　　　　　　　　　　　　　>>> 형성문자

氵 + 召(소)

沼澤(소택) 늪과 못

湖沼(호소) 호수와 늪

21

洙 물이름 수

획수: **9** 부수: **水**　　　　　　　　　　　　　>>> 형성문자

氵 + 朱(주) (→ 朱의 전음이 음을 나타냄)

22

淳 순박할 순

획수: **11** 부수: **水**　　　　　　　　　　　　>>> 형성문자

氵 + 享(향) (→ 享의 전음이 음을 나타냄)

淳朴(순박) 꾸밈이나 거짓이 없이 순진함

23

濕 젖을 습

획수: **17** 부수: **水**　　　　　　　　　　　　>>> 형성문자

氵 + 㬎(현) (→ 㬎의 전음이 음을 나타냄)

濕氣(습기) 축축한 기운

濕度(습도) 공기 중에 들어 있는 수증기의 정도

濕地(습지) 습기가 많은 땅

防濕(방습) 습기를 막음

24 湜 맑을 식

획수: **12** 부수: **水**   >>> 형성문자

氵 + 是(시) (→ 是의 전음이 음을 나타냄)

湜湜(식식) ❶ 물이 맑아 바닥까지 환히 보이는 모양
                ❷ 마음을 바르게 가지는 모양

25 液 진 액

획수: **11** 부수: **水**   >>> 형성문자

氵 + 夜(야)
'夜'는 '繹(역)'과 통하여 잇달아 이어지다의 뜻
실을 당기듯이 이어지는 물, '즙'의 뜻을 나타냄

液狀(액상) 액체 상태
液體(액체) 일정한 부피는 있으나, 일정한 모양이 없이 유동하는 물질
液化(액화) 기체 또는 고체가 냉각이나 압력에 의하여 액체로 변하는 일
溶液(용액) 두 가지 이상의 물질이 섞여 액체 모양으로 된 혼합물
血液(혈액) 피

26 淵 못 연

획수: **12** 부수: **水**   >>> 형성문자

氵 + 肅(연)

淵源(연원) 사물의 근본
深淵(심연) 깊은 연못

27 汚 더러울 오

획수: **6** 부수: **水**   >>> 형성문자

氵 + 于(우) (→ 于의 전음이 음을 나타냄)

汚名(오명) 더럽혀진 이름이나 나쁜 명예
汚物(오물) ❶ 지저분하고 더러운 물건
              ❷ 대소변 따위의 배설물

汚染(오염) 더러움에 물듦
汚點(오점) ❶ 더러운 점
　　　　❷ 명예를 더럽히는 흠

28　沃 기름질 옥
획수: 7 부수: 水　　　　　　　　　　　>>> 형성문자
氵 + 夭 (→ 夭의 전음이 음을 나타냄)

沃土(옥토) 기름진 땅
肥沃(비옥) 땅이 걸고 기름짐

29　汪 넓을 왕
획수: 7 부수: 水　　　　　　　　　　　>>> 형성문자
氵 + 王(왕)

汪茫(왕망) 물이 넓고 큰 모양

30　溶 녹을 용
획수: 13 부수: 水　　　　　　　　　　　>>> 형성문자
氵 + 容(용)

溶媒(용매) 용액을 만들 때에 용질을 녹이는 액체
溶液(용액) 한 물질이 다른 물질에 녹아 골게 퍼져 이루어진 액체
溶解(용해) ❶ 녹거나 녹임
　　　　❷ 기체나 고체가 녹아 액체로 되는 현상

31　潤 윤택할 윤
획수: 15 부수: 水　　　　　　　　　　　>>> 형성문자
氵 + 閏(윤)

潤氣(윤기) 윤택한 기운

潤澤(윤택) ❶ 때깔이 부드럽고 번지르르함

　　　　　　❷ 생활이 넉넉함

潤滑(윤활) 뻑뻑하지 않고 반드러움

32 淫 음란할 음

획수: **11** 부수: **水**　　　　　　　　　　　>>> 형성문자

氵 + 㸒(음)

淫談悖說(음담패설) 음탕한 이야기와 상스러운 말

淫亂(음란) 음탕하고 난잡함

姦淫(간음) 부부 아닌 남녀가 성적 관계를 맺음

33 潛 잠길 잠

획수: **15** 부수: **水**　　　　　　　　　　　>>> 형성문자

氵 + 朁(참) (→ 朁의 전음이 음을 나타냄)

潛伏(잠복) 몰래 숨어 있음

潛入(잠입) 몰래 숨어 들어감

潛在(잠재) 겉으로 드러나지 않고 속에 숨어 있거나 잠기어 있음

潛行(잠행) 남몰래 숨어서 다님

沈潛(침잠) 깊이 가라앉아 잠김

34 滴 물방울 적

획수: **14** 부수: **水**　　　　　　　　　　　>>> 형성문자

氵 + 商(적)

硯滴(연적) 벼룻물을 담는 그릇

35 漸 점점 점¹ / 번질 점²

획수: **14** 부수: **水**　　　　　　　　　　　>>> 형성문자

氵 + 斬(참) (→ 斬의 전음이 음을 나타냄)

漸入佳境(점입가경) 점점 아름다운 경지로 들어감. '갈수록 더욱 좋거나 재미있게 되어감'을 이름

漸增(점증) 점점 많아짐

漸進(점진) 순서대로 차차 나아감

36 **汀** 물가 정
획수: **5** 부수: **水**　　　　　　　　　　>>> 형성문자

氵 + 丁(정)

汀線(정선) 바다와 해안(海岸)이 맞닿는 선
汀渚(정저) 물가의 편평한 땅

37 **洲** 물가 주
획수: **6** 부수: **水**　　　　　　　　　　>>> 상형문자

강 하류에 만들어진 '삼각주'를 그린 것이다

砂洲(사주) 해안, 하구(河口)에 모래나 자갈 따위가 쌓여서 만들어진 모래톱
三角洲(삼각주) 하천에서 흘러내린 흙이 강어귀에 삼각형으로 쌓인 땅
六大洲(육대주) '아시아, 아프리카, 유럽, 북아메리카, 남아메리카, 오세아니아 주'의 총칭

38 **津** 나루 진
획수: **9** 부수: **水**　　　　　　　　　　>>> 형성문자

氵 + 聿(율) (→ 聿의 전음이 음을 나타냄)

津船(진선) 나룻배
津液(진액) 생물의 몸 안에서 생겨나는 액체. '수액, 체액' 따위
松津(송진) 소나무에서 나오는 진액

39 **滄** 푸를 창
획수: **13** 부수: **水**　　　　　　　　　　>>> 형성문자

氵 + 倉(창)

滄波(창파) 푸른 물결
滄海一粟(창해일속) 큰 바다에 던져진 한 알의 좁쌀. '아주 작거나 보잘것없음'의 비유

40 **添** 더할 **첨**
획수: **11** 부수: **水**　　　　　　　　　　>>> 형성문자
氵 + 忝(첨)

添加(첨가) 더함
添附(첨부) 더하여 붙임
添削(첨삭) 글, 글자를 더하거나 지우거나 해서 시문(詩文)을 고침
添言(첨언) 덧붙여 말함
別添(별첨) 따로 덧붙임

41 **滯** 막힐 **체**
획수: **14** 부수: **水**　　　　　　　　　　>>> 형성문자
氵 + 帶(대) (→ 帶의 전음이 음을 나타냄)

滯納(체납) 세금, 회비 따위를 기한 내에 납부하지 않음
滯留(체류) 일정한 곳에 머물러 있음
停滯(정체) 사물의 발전이나 진화하는 상태가 정지되어 침체됨
沈滯(침체) 나아가지 못하고 머묾

42 **沖** 온화할 **충**
획수: **7** 부수: **水**　　　　　　　　　　>>> 형성문자
氵 + 中(중) (→ 中의 전음이 음을 나타냄)

沖氣(충기) 천지의 잘 조화된 기운
沖天(충천) 하늘에 날아오름

43 漆 옻칠 **칠**

획수: **14** 부수: **水** >>> 형성문자

氵 + 桼(칠)

漆器(칠기) 옻칠을 한 나무 그릇
漆板(칠판) 분필로 글씨를 쓰는 흑색이나 녹색의 판

44 沈 잠길 **침**[1] / 성 **심**[2]

획수: **7** 부수: **水** >>> 형성문자

氵 + 冘(음) (→ '冘'은 물속에 가라앉음의 뜻을 나타냄)

沈默(침묵) 아무런 말을 하지 않음
沈水(침수) 물속에 잠김
沈着(침착) 행동이 찬찬함
沈滯(침체) 나아가지 못하고 그 자리에 머묾
擊沈(격침) 적의 함선(艦船)을 공격하여 가라앉힘
浮沈(부침) ❶ 어떤 물건이 물 위에 떴다 잠겼다 함
❷ 시세, 세력 따위가 좋아졌다 나빠졌다 하는 현상

45 濁 흐릴 **탁**

획수: **16** 부수: **水** >>> 형성문자

氵 + 蜀(촉)
'蜀'은 불쾌한 굼벵이의 뜻. 파생하여 '흐려지다'의 뜻을 나타냄

濁流(탁류) 흘러가는 흐린 물
濁酒(탁주) 막걸리
鈍濁(둔탁) 소리가 굵고 거칠어 뚜렷하지 않음
混濁(혼탁) 불순(不純)한 것들이 섞여 흐림. 정치나 사회 현상이 어지럽고
흐림

46 湯 끓일 **탕**

획수: **12** 부수: **水** >>> 형성문자

氵 + 昜(양) (→ '昜'의 전음이 음을 나타냄)

湯藥(탕약) 달여서 먹는 한약

溫湯(온탕) 더운물의 목욕탕

再湯(재탕) ❶ 한 번 달여 낸 것을 다시 달임

              ❷ 한 번 써먹은 것을 다시 되풀이함

47 **漂** 뜰 표¹ / 빨래할 표²

획수: **14** 부수: **水**   >>> 형성문자

氵 + 票(표)

漂流(표류) 물에 둥둥 떠서 흘러감

漂白(표백) 바래지게 하거나 희게 하는 일

48 **泌** 분비할 비¹ / 개천물 필²

획수: **8** 부수: **水**   >>> 형성문자

氵 + 必(필)

泌尿器(비뇨기) 오줌의 분비와 배설을 맡고 있는 기관(器官)

分泌(분비) 세포, 조직, 기관 등에서 일정한 성분을 가진 물질을 내보내는 현상

49 **汗** 땀 한

획수: **6** 부수: **水**   >>> 형성문자

氵 + 干(간) (→ 干의 전음이 음을 나타냄)

汗牛充棟(한우충동) 수레에 실어서 끌게 하면 소가 땀을 흘리고, 쌓아 올리

              면 대들보까지 참. '장서(藏書)가 많음'의 비유

汗蒸(한증) 높은 온도로 몸을 덥혀, 땀을 내어 병을 다스리는 일

發汗(발한) 병을 다스리기 위해 땀을 냄

50 **浩** 넓을 호

획수: **10** 부수: **水**   >>> 형성문자

氵 + 告(고) (→ 告의 전음이 음을 나타냄)

浩然之氣(호연지기) 천지간(天地間)에 가득한 넓고 큰 정기. 공명정대하여 조금도 부끄러울 것이 없는 도덕적 용기

浩蕩(호탕) 아주 넓어서 끝이 없음

51 **洪** 넓을 홍

획수: **9** 부수: **水**　　　　　　　　　　　>>> 형성문자

氵 + 共(공) (→ 共의 전음이 음을 나타냄)

洪水(홍수) 큰물

52 **滑** 미끄러울 **활**[1] / 어지러울 **골**[2]

획수: **13** 부수: **水**　　　　　　　　　　　>>> 형성문자

氵 + 骨(골)

滑降(활강) 미끄러져 내려옴
滑走(활주) 비행기가 뜰 때나 내릴 때에 땅 위를 미끄러져 내달음
圓滑(원활) ❶모난 데가 없고 원만함
　　　　　❷ 일이 아무 거침이 없음

53 **況** 하물며 **황**

획수: **8** 부수: **水**　　　　　　　　　　　>>> 형성문자

氵 + 兄(형) (→ 兄의 전음이 음을 나타냄)

近況(근황) 요사이의 형편
不況(불황) 경기가 좋지 못한 상태
狀況(상황) 어떤 일의 모습이나 형편
作況(작황) 농작물의 잘되고 못된 상황

54 **淮** 물이름 **회**

획수: **11** 부수: **水**　　　　　　　　　　　>>> 형성문자

氵 + 隹(추) (→ 隹의 전음이 음을 나타냄)

203

55 渴 목마를 갈
획수: **12** 부수: **水**   >>> 형성문자
氵 + 曷(갈)

渴望(갈망) / **渴症**(갈증) / **枯渴**(고갈) / **解渴**(해갈)

56 減 덜 감
획수: **12** 부수: **水**   >>> 형성문자
氵 + 咸(함) (→ 咸의 전음이 음을 나타냄)

減量(감량) / **減産**(감산) / **減少**(감소) / **減員**(감원) / **輕減**(경감) / **削減**(삭감)

57 激 과격할 격
획수: **16** 부수: **水**   >>> 형성문자
氵 + 敫(격)

激怒(격노) / **激動**(격동) / **激烈**(격렬) / **激變**(격변) / **感激**(감격) / **過激**(과격)

58 決 정할 결
획수: **7** 부수: **水**   >>> 형성문자
氵 + 夬(결)
'夬'은 '도려내다'의 뜻
둑을 물이 개먹어 벌어진 구멍이 나다의 뜻에서 '결정하다'의 뜻이 파생됨

決斷(결단) / **決心**(결심) / **決議**(결의) / **決定**(결정) / **終決**(종결) / **判決**(판결)

59 潔 깨끗할 결
획수: **15** 부수: **水**   >>> 형성문자
氵 + 絜(혈) (→ 絜의 전음이 음을 나타냄)

潔白(결백) / 簡潔(간결) / 純潔(순결) / 淨潔(정결)

60 溪 시내 **계**
획수: **13** 부수: **水**   >>> 형성문자
氵 + 奚(해) (→ 奚의 전음이 음을 나타냄)

溪谷(계곡)

61 求 구할 **구**
획수: **7** 부수: **水**   >>> 상형문자
본래 가죽옷[裘(구)]을 그린 것이었는데, 뒤에 '구하다'라는 뜻으로 가차되었다

求愛(구애) / 求人(구인) / 求職(구직) / 渴求(갈구) / 追求(추구)

62 淡 묽을 **담**
획수: **11** 부수: **水**   >>> 형성문자
氵 + 炎(담)

淡泊(담박) / 淡水(담수) / 冷淡(냉담) / 雅淡(아담)

63 浪 물결 **랑**
획수: **10** 부수: **水**   >>> 형성문자
氵 + 良(량) (→ 良의 전음이 음을 나타냄)

浪費(낭비) / 激浪(격랑) / 放浪(방랑) / 流浪(유랑) / 風浪(풍랑)

64 流 흐를 **류**
획수: **9** 부수: **水**   >>> 회의문자
氵 + 㐬[아기가 태어나는 모양] (→ 순조롭게 흘러나옴의 뜻)

流入(유입) / 流出(유출) / 流行(유행) / 放流(방류) / 一流(일류) / 合流(합류)

---

65 滿 찰 만

획수: **14** 부수: **水**　　　　　　　　　　　　　>>> 형성문자

氵 + 㒼(만)

滿期(만기) / 滿了(만료) / 滿員(만원) / 滿足(만족) / 充滿(충만) / 豊滿(풍만)

---

66 法 법 법

획수: **8** 부수: **水**　　　　　　　　　　　　　>>> 회의문자

氵 + 去

法令(법령) / 法律(법률) / 法廷(법정) / 方法(방법) / 便法(편법)

---

67 浮 뜰 부

획수: **10** 부수: **水**　　　　　　　　　　　　　>>> 형성문자

氵 + 孚(부)

浮刻(부각) / 浮力(부력) / 浮上(부상) / 浮揚(부양) / 浮沈(부침)

---

68 洗 씻을 세

획수: **9** 부수: **水**　　　　　　　　　　　　　>>> 형성문자

氵 + 先(선) (→ '先'은 씻다의 뜻. 물로 씻다의 뜻을 나타냄)

洗腦(세뇌) / 洗練(세련) / 洗劑(세제) / 洗濯(세탁)

---

69 涉 건널 섭

획수: **10** 부수: **水**　　　　　　　　　　　　　>>> 회의문자

氵 + 步[걷다] (→ 물속을 걷다, 건너다의 뜻을 나타냄)

涉獵(섭렵) / 涉外(섭외) / 干涉(간섭) / 交涉(교섭)

70 **淑** 맑을 **숙**
획수: **11** 부수: **水** >>> 형성문자
氵 + 叔(숙)

淑女(숙녀) / **私淑**(사숙) / **貞淑**(정숙)

71 **深** 깊을 **심**
획수: **11** 부수: **水** >>> 형성문자
氵 + 罙(심)

深度(심도) / **深思熟考**(심사숙고) / **深山幽谷**(심산유곡) /
水深(수심) / **夜深**(야심)

72 **氷** 얼음 **빙**
획수: **5** 부수: **水** >>> 회의문자
冫[얼음] + 水

氷山(빙산) / **氷點**(빙점) / **氷板**(빙판) / **薄氷**(박빙) / **結氷**(결빙)

73 **涯** 물가 **애**
획수: **11** 부수: **水** >>> 형성문자
氵 + 厓(애)

生涯(생애) / **水涯**(수애)

74 **漁** 고기잡을 **어**
획수: **14** 부수: **水** >>> 형성문자
氵 + 魚(어)

漁民(어민) / **漁父之利**(어부지리) / **漁船**(어선) / **漁場**(어장) / **漁村**(어촌) /
漁獲(어획)

75 **汝** 너 **여**
획수: **6** 부수: **水**　　　　　　　　　　　　　　　　　>>> 형성문자
氵 + 女(여)

汝等(여등)

76 **演** 펼 **연**
획수: **14** 부수: **水**　　　　　　　　　　　　　　　　>>> 형성문자
氵 + 寅(인) (→ 寅의 전음이 음을 나타냄)

演劇(연극) / **演說**(연설) / **演繹**(연역) / **講演**(강연) / **出演**(출연)

77 **溫** 따뜻할 **온**
획수: **13** 부수: **水**　　　　　　　　　　　　　　　　>>> 형성문자
氵 + 昷(온)

溫故知新(온고지신) / **溫暖**(온난) / **溫順**(온순) / **溫情**(온정) /
保溫(보온) / **體溫**(체온)

78 **浴** 목욕 **욕**
획수: **10** 부수: **水**　　　　　　　　　　　　　　　　>>> 형성문자
氵 + 谷(곡) (→ 谷의 전음이 음을 나타냄)

浴室(욕실) / **浴槽**(욕조) / **沐浴**(목욕) / **海水浴**(해수욕)

79 **源** 근원 **원**
획수: **13** 부수: **水**　　　　　　　　　　　　　　　　>>> 형성문자
氵 + 原(원)

源流(원류) / **源泉**(원천) / **根源**(근원) / **本源**(본원) / **語源**(어원) / **字源**(자원)

80　泣 울 읍
획수: **8** 부수: **水**　　　　　　　　　　>>> 형성문자

氵 + 立(립) (→ 立의 전음이 음을 나타냄)

泣訴(읍소) / **泣斬馬謖**(읍참마속)

81　淨 깨끗할 정
획수: **11** 부수: **水**　　　　　　　　　　>>> 형성문자

氵 + 爭(쟁) (→ 爭의 전음이 음을 나타냄)

淨潔(정결) / **淨水**(정수) / **淨化**(정화) / **淸淨**(청정)

82　濟 건널 제¹ / 많고 성할 제²
획수: **17** 부수: **水**　　　　　　　　　　>>> 형성문자

氵 + 齊(제)

決濟(결제) / **救濟**(구제) / **未濟**(미제)

83　潮 조수 조
획수: **15** 부수: **水**　　　　　　　　　　>>> 형성문자

氵 + 朝(조)

滿潮(만조) / **思潮**(사조) / **風潮**(풍조)

84　注 물댈 주
획수: **8** 부수: **水**　　　　　　　　　　>>> 형성문자

氵 + 主(주)

注目(주목) / **注視**(주시) / **注意**(주의) / **注入**(주입)

85 **準** 법도 준¹ / 콧마루 준²

획수: **13** 부수: **水**　　　　　　　　　　　>>> 형성문자

氵 + 隼(준)

準備(준비) / **準則**(준칙) / **基準**(기준) / **標準**(표준)

86 **池** 못 지

획수: **6** 부수: **水**　　　　　　　　　　　>>> 형성문자

氵 + 也(야)

'也'는 '꾸불꾸불하다'의 뜻. 꾸불꾸불한 모양의 물웅덩이의 뜻을 나타냄

池魚之殃(지어지앙)

87 **泉** 샘 천

획수: **9** 부수: **水**　　　　　　　　　　　>>> 상형문자

암석 사이에서 맑은 물이 흘러나오는 모양

溫泉(온천) / **源泉**(원천)

88 **淺** 얕을 천

획수: **11** 부수: **水**　　　　　　　　　　　>>> 형성문자

氵 + 戔(잔) (→ 戔의 전음이 음을 나타냄)

淺薄(천박) / **日淺**(일천)

89 **測** 헤아릴 측

획수: **12** 부수: **水**　　　　　　　　　　　>>> 형성문자

氵 + 則(칙) (→ 則의 전음이 음을 나타냄)

測量(측량) / **測定**(측정) / **觀測**(관측) / **臆測**(억측) / **推測**(추측)

국어 실력으로 이어지는 수(秀) 한자: 2급 하

90 **治** 다스릴 **치**
획수: **8** 부수: **水**　　　　　　　　　　>>> 형성문자
氵 + 台(이)
'台'는 '司(사)'와 통하여 '다스리다'의 뜻
물을 다스리다의 뜻에서 일반적으로 '다스리다'의 뜻을 나타냄

治國(치국) / **治療**(치료) / **治安**(치안) / **難治**(난치) / **政治**(정치)

91 **浸** 적실 **침**
획수: **10** 부수: **水**　　　　　　　　　　>>> 형성문자
氵 + 㝱(침)

浸水(침수) / **浸蝕**(침식) / **浸透**(침투)

92 **濯** 씻을 **탁**
획수: **17** 부수: **水**　　　　　　　　　　>>> 형성문자
氵 + 翟(적) (→ 翟의 전음이 음을 나타냄)

洗濯(세탁)

93 **泰** 클 **태**
획수: **10** 부수: **水**　　　　　　　　　　>>> 형성문자
水 + 大(대) (→ 大의 전음이 음을 나타냄)

泰斗(태두) / **泰然**(태연) / **泰平**(태평)

94 **澤** 못 **택**
획수: **16** 부수: **水**　　　　　　　　　　>>> 형성문자
氵 + 睪(역) (→ 睪의 전음이 음을 나타냄)

光澤(광택) / **德澤**(덕택) / **潤澤**(윤택) / **惠澤**(혜택)

95 波 물결 **파**
획수: **8** 부수: **水** >>> 형성문자
氵 + 皮(피)

波及(파급) / 波動(파동) / 波瀾萬丈(파란만장) / 餘波(여파) / 人波(인파) /
風波(풍파)

96 派 물갈래 **파**
획수: **9** 부수: **水** >>> 형성문자
氵 + 𠂢(파)
'𠂢'는 흐름이 갈라져 있는 모양을 본떠서, '지류, 갈라짐'의 뜻을 나타냄

派遣(파견) / 派閥(파벌) / 派生(파생) / 黨派(당파) / 分派(분파)

97 浦 물가 **포**
획수: **10** 부수: **水** >>> 형성문자
氵 + 甫(보) (→ 甫의 전음이 음을 나타냄)

浦口(포구)

98 河 물 **하**
획수: **8** 부수: **水** >>> 형성문자
氵 + 可(가) (→ 可의 전음이 음을 나타냄)

河口(하구) / 河川(하천) / 運河(운하) / 氷河(빙하)

99 港 항구 **항**
획수: **12** 부수: **水** >>> 형성문자
氵 + 巷(항)

港口(항구) / 港灣(항만) / 開港(개항) / 空港(공항) / 密港(밀항) / 入港(입항)

100

湖 호수 호

획수: **12** 부수: **水**　　　　　　　　　　　　　　　>>> 형성문자

氵 + 胡(호)

湖畔(호반) / **湖水**(호수) / **江湖**(강호)

101

混 섞을 혼

획수: **11** 부수: **水**　　　　　　　　　　　　　　　>>> 형성문자

氵 + 昆(곤) (→ 昆의 전음이 음을 나타냄)

混同(혼동) / **混亂**(혼란) / **混線**(혼선) / **混用**(혼용) / **混戰**(혼전) / **混合**(혼합)

불 **화** 연화발

타오르는 불을 표현한 글자이다. 火자가 글자의 아래쪽에 사용될 때
는 灬의 형태로 바뀌어 쓰이기도 하는데, '연화발'이라고 한다. 火자를
부수로 삼고 있는 한자는 주로 불과 관련된 현상이나 사물 등과 관계
된 뜻을 지닌다.

2급

1
炅 빛날 **경**
획수: **8** 부수: **火**   >>> 회의문자
日 + 火

2
灸 뜸 **구**
획수: **7** 부수: **火**   >>> 형성문자
火 + 久(구)

鍼灸(침구) 침질과 뜸질

3
燾 비출 **도**
획수: **18** 부수: **火**   >>> 형성문자
灬 + 壽(수) (→ 壽의 전음이 음을 나타냄)

燾育(도육) 덮어 보호하여 기름

4
爛 빛날 **란**
획수: **21** 부수: **火**   >>> 형성문자
火 + 闌(란)

絢爛(현란) 눈이 부시도록 찬란함

5 **煉** 달굴 **련**

획수: **13** 부수: **火**　　　　　　　　　>>> 형성문자

火 + 柬(련)

'柬'은 '練(련)'과 통하여, '이기다'의 뜻

화력으로 금속을 달구어 녹이다의 뜻

煉獄(연옥) 영혼이 천국에 들어가기 전에 불로써 단련하여 지은 죄를 깨끗하
　　　게 한다는 곳

煉炭(연탄) 가루 석탄에 흙을 넣고 반죽하여 굳히어 만든 연료

6 **爐** 화로 **로**

획수: **20** 부수: **火**　　　　　　　　　>>> 형성문자

火 + 盧(로)

煖爐(난로) 연료를 때어서 방 안을 따뜻하게 하는 기구

火爐(화로) 열(熱)을 이용하기 위하여 불을 담아 두는 그릇

7 **煩** 번거로울 **번**

획수: **13** 부수: **火**　　　　　　　　　>>> 회의문자

火 + 頁[머리]

열[火]이 나서 머리[頁]가 아프다는 뜻

煩惱(번뇌) ❶ 마음이 시달려서 괴로움
　　　　　　❷ 심신을 괴롭히는 모든 망념

煩悶(번민) 번거롭고 답답하여 괴로워함

8 **炳** 밝을 **병**

획수: **9** 부수: **火**　　　　　　　　　>>> 형성문자

火 + 丙(병)

炳然(병연) 빛이 비쳐 밝은 모양

9

爕 화할 **섭**

획수: **17** 부수: **火**　　　　　　　　　　　　>>> 회의문자

횃불을 들고 비치고 있는 모양을 나타냄

爕和(섭화) 조화시켜 알맞게 함

10

燒 불사를 **소**

획수: **16** 부수: **火**　　　　　　　　　　　　>>> 형성문자

火 + **堯**(요) (→ 堯의 전음이 음을 나타냄)

燒却(소각) 불에 태워 없애 버림
燒失(소실) 불에 타 없어짐
燒盡(소진) 타서 죄다 없어짐
全燒(전소) 모조리 불탐

11

焉 어찌 **언**

획수: **11** 부수: **火**　　　　　　　　　　　　>>> 상형문자

본래 새를 그린 것이나 뒤에 어조사로 가차되었다

焉敢生心(언감생심) 어찌 감히 그런 생각을 할 수 있겠는가
終焉(종언) ❶ 일생이 끝남. 죽음
　　　　　　 ❷ 하던 일이 끝장남

12

燃 불탈 **연**

획수: **16** 부수: **火**　　　　　　　　　　　　>>> 형성문자

火 + **然**(연)

燃料(연료) 열을 이용하기 위하여 때는 재료의 총칭
燃燒(연소) 불탐. 물질이 산화(酸化)할 때 열과 빛을 내는 현상

13

燕 제비 **연**[1] / 나라이름 **연**[2]

획수: **16** 부수: **火** >>> 상형문자

제비를 그린 것이다

燕尾服(연미복) 검은색에 뒤가 두 갈래로 갈라져 제비꼬리같이 되어있는 남
자용 예복

燕雀(연작) 제비와 참새. '도량이 좁고 옹졸한 사람'의 비유

14

燁 빛날 **엽**

획수: **16** 부수: **火** >>> 형성문자

火 + 華[曄(엽)의 생략자] (→ '曄'은 해가 빛나다, 불이 빛나다의 뜻)

燁燁(엽엽) 빛나는 모양

15

煜 빛날 **욱**

획수: **13** 부수: **火** >>> 형성문자

火 + 昱(욱)

16

炙 고기구울 **자**[1] / **적**[2]

획수: **8** 부수: **火** >>> 회의문자

夕[(=肉) 고기 육] + 火

膾炙(회자) ❶ 날고기와 구운 고기
❷ '널리 사람의 입에 오르내림'의 비유

散炙(산적) 쇠고기 따위를 길쭉하게 썰어 양념을 하여 꼬챙이에 꿰어 구운 적

17

燥 마를 **조**

획수: **17** 부수: **火** >>> 형성문자

火 + 喿(소)

乾燥(건조) ❶ 물기나 습기가 없어짐
❷ 말림

焦燥(초조) 애가 타서 마음이 조마조마함

18
燦 빛날 찬
획수: **17** 부수: **火**　　　　　　　　>>> 형성문자
火 + 粲(찬)

燦爛(찬란) 눈부시게 아름다움
燦然(찬연) 눈부시게 빛남

19
焦 그을릴 초
획수: **12** 부수: **火**　　　　　　　　>>> 형성문자
灬 + 隹(추) (→ 隹의 전음이 음을 나타냄)

焦點(초점) ❶ 사물의 가장 중요로운 부분
　　　　　　❷ 광선이 렌즈 따위에 반사, 굴절하여 다시 모이는 점
焦燥(초조) 애태우며 마음을 졸임

20
燭 촛불 촉
획수: **17** 부수: **火**　　　　　　　　>>> 형성문자
火 + 蜀(촉)

洞燭(통촉) 사정 따위를 밝게 살핌
華燭(화촉) ❶ 물을 들인 밀초
　　　　　　❷ 혼례 때 촛불을 밝히는데서 '혼례'를 이름

21
炊 불땔 취
획수: **8** 부수: **火**　　　　　　　　>>> 형성문자
火 + 欠[吹(취)의 생략형]

炊事(취사) 부엌일. 밥 짓는 일
自炊(자취) 손수 밥을 지어 먹음

22 炫 빛날 **현**

획수: **9** 부수: **火**   >>> 형성문자

火 + 玄(현)

炫惑(현혹) 정신이 혼미하여 어지러움, 또는 어지럽게 함

23 炯 밝을 **형**

획수: **9** 부수: **火**   >>> 형성문자

火 + 冋(형)

炯眼(형안) ❶ 날카로운 눈매

❷ 사물에 대한 관찰력이 뛰어난 눈

24 煥 빛날 **환**

획수: **13** 부수: **火**   >>> 형성문자

火 + 奐(환)

25 灰 재 **회**

획수: **6** 부수: **火**   >>> 회의문자

𠂇[=又(손)] + 火 (→ 손에 들 수 있는 불의 뜻)

灰色(회색) 잿빛
石灰(석회) 산화칼슘과 수산화칼슘의 총칭

26 熏 연기낄 **훈**

획수: **14** 부수: **火**   >>> 회의문자

屮[위로 올라가는 모양] + 黑[검을 흑] (→ 검은 연기가 올라감의 뜻)

熏灼(훈작) ❶ 그을려 태움

❷ 세력이 왕성함

27 烋 아름다울 **휴**
획수: **10** 부수: **火**   >>> 형성문자
灬 + 休(휴)

28 熙 빛날 **희**
획수: **13** 부수: **火**   >>> 형성문자
灬 + 𤋮(희)

熙笑(희소) 기뻐하여 웃음

3, 4급

29 燈 등잔 **등**
획수: **16** 부수: **火**   >>> 형성문자
火 + 登(등)

燈臺(등대) / 燈下不明(등하불명) / 燈火可親(등화가친) / 電燈(전등)

30 烈 매울 **렬**
획수: **10** 부수: **火**   >>> 형성문자
灬 + 列(렬)

烈士(열사) / 激烈(격렬) / 猛烈(맹렬) / 熱烈(열렬) / 忠烈(충렬)

31 然 그럴 **연**
획수: **12** 부수: **火**   >>> 회의문자
犬[개 견] + 肉[고기 육] + 火
산 제물로서의 개의 고기를 불로 굽다의 뜻
일반적으로 불로 굽다의 뜻을 나타냄

然後(연후) / 自然(자연) / 必然(필연)

32

煙 연기 **연**

획수: **13** 부수: **火**   >>> 형성문자

火 + 垔(인) (→ 垔의 전음이 음을 나타냄)

煙氣(연기) / **煙幕**(연막) / **煙霧**(연무) / **禁煙**(금연) / **喫煙**(끽연)

33

熱 더울 **열**

획수: **15** 부수: **火**   >>> 형성문자

灬 + 埶(예)

'埶'는 '然(연)'과 통하여 불로 태우다의 뜻

'火(화)'를 붙여 '뜨겁다'의 뜻을 나타냄

熱狂(열광) / **熱烈**(열렬) / **熱辯**(열변) / **熱愛**(열애) / **熱情**(열정) /
以熱治熱(이열치열)

34

炎 불꽃 **염**[1] / 불탈 **염**[2]

획수: **8** 부수: **火**   >>> 회의문자

火자 두 개를 겹쳐 써서, 불이 활활 타오르는 것을 나타냈다

炎症(염증) / **肝炎**(간염) / **暴炎**(폭염)

35

營 경영할 **영**

획수: **17** 부수: **火**   >>> 형성문자

宮 + 熒[= 𤇾(영)의 원자]

'熒'은 밤의 진중을 둘러싸고 밝히는 화톳불의 뜻

파생하여, '경영하다'의 뜻을 나타냄

營農(영농) / **營利**(영리) / **營業**(영업) / **經營**(경영) / **運營**(운영)

36

烏 까마귀 오

획수: **10** 부수: **火** >>> 상형문자

새의 모양을 본뜸

烏飛梨落(오비이락) / **烏鵲**(오작) / **烏合之衆**(오합지중) / **嗚呼**(오호)

37

災 재앙 재

획수: **7** 부수: **火** >>> 회의문자

巛(천) + 火

巛은 수재(水災)를 뜻하고, 火은 화재(火災)를 뜻한다

災難(재난) / **災殃**(재앙) / **災害**(재해) / **人災**(인재) / **天災**(천재)

38

照 비출 조

획수: **13** 부수: **火** >>> 회의문자

灬 + 昭[햇빛이 밝음]

불빛이 밝음을 나타냄

照明(조명) / **落照**(낙조) / **對照**(대조) / **參照**(참조)

39

炭 숯 탄

획수: **9** 부수: **火** >>> 형성문자

火 + 屵(안) (→ 屵의 전음이 음을 나타냄)

炭鑛(탄광) / **炭素**(탄소) / **石炭**(석탄)

40

爆 터질 폭

획수: **19** 부수: **火** >>> 형성문자

火 + 暴(폭)

爆發(폭발) / **爆笑**(폭소) / **爆音**(폭음) / **爆彈**(폭탄) / **爆破**(폭파)

190

白 흰 백

막 떠오르는 해를 표현한 글자이다.
해가 막 떠오를 때에 빛과 관련하여 그 뜻이 '희다'가 된 것으로 여겨
진다.

2급

1

皓 흴 호

획수: **12** 부수: **白**　　　　　　　　　　　　>>> 형성문자

白 + 告(고) (→ 告의 전음이 음을 나타냄)

皓齒(호치) 하얀 이. '미인의 아름다운 치아'를 이름
皓皓白髮(호호백발) 온통 하얗게 센 머리, 또는 그런 머리의 노인

3, 4급

2

皆 다 개

획수: **9** 부수: **白**　　　　　　　　　　　　>>> 회의문자

比[사람이 나란히 줄 섬] + 白[말함]
많은 사람이 입을 모아 찬성함의 뜻

皆勤(개근) / **皆兵**(개병)

3

的 과녁 적

획수: **8** 부수: **白**　　　　　　　　　　　　>>> 형성문자

日 + 勺(작)
'勺'는 국자, '日'는 밝은 해의 상형
많은 것 중에서 하나만을 떠올려서 두드러지게 하다의 뜻

的中(적중) / 的確(적확) / 公的(공적) / 標的(표적)

4

皇 임금 황

획수: **9** 부수: **白**　　　　　　　　　　　　　　　　>>> 형성문자

白 + 王(왕)

'白'는 빛을 내는 해, '王'는 큰 도끼의 상형

햇빛에 빛나는 큰 도끼모양에서, '빛나다' → '임금'의 뜻을 나타냄

皇帝(황제) / 皇后(황후) / 敎皇(교황)

191

雨 비 우

하늘에서 떨어지는 비를 표현한 글자이다. 아래에 보이는 점들이 빗방울이며, 위에 보이는 선이 하늘을 나타냈다. 雨자 부수에 속하는 한자는 기상의 변화에 의해 일어나는 현상과 관계된 뜻을 지닌다.

2급

1

零 떨어질 **령**

획수: **13** 부수: **雨**　　　　　　　　　　　>>> 형성문자

雨 + 令(령)

零細(영세) ❶ 썩 자잘함

❷ 규모가 작거나 빈약함

零敗(영패) 경기 따위에서 득점하지 못하고 영점으로 짐

2

靈 신령 **령**

획수: **24** 부수: **雨**　　　　　　　　　　　>>> 형성문자

巫 + 霝(령)

靈感(영감) 머릿속에 번득이는 신묘한 생각

靈妙(영묘) 신령스럽고 기묘함

靈魂(영혼) 넋

神靈(신령) 신앙의 대상이 되는 초자연적인 정령

3

雷 우레 **뢰**

획수: **13** 부수: **雨**　　　　　　　　　　　>>> 상형문자

천둥이 연이어 치는 모양

雷管(뇌관) 화약 따위에 점화하기 위한 발화물(發火物)
雷同(뇌동) 옳고 그름의 분별도 없이 남의 말에 덩달아 붙좇음
雷聲霹靂(뇌성벽력) 우렛소리와 내리치는 벼락
落雷(낙뢰) 벼락. 벼락이 떨어짐

---

4 **霧** 안개 무

획수: **19** 부수: **雨**　　　　　　　　　　　　　　>>> 형성문자

雨 + 務(무)

五里霧中(오리무중) 5리에 걸친 안개 속. '찾을 길이 막연하거나, 갈피를 잡
　　　　　　　을 수 없는 상태'를 이름
雲霧(운무) 구름과 안개

---

5 **需** 구할 수

획수: **14** 부수: **雨**　　　　　　　　　　　　　　>>> 회의문자

雨 + 而[=大]
사람[大]이 비[雨]를 만나 가지 못하고 멈춰 서서 기다린다는 뜻

需要(수요) ❶ 필요해서 얻고자 함
　　　　　　❷ 상품을 사들이려는 욕구
軍需(군수) 군사상(軍事上)의 수요
祭需(제수) 제사에 쓰이는 여러 가지 물건이나 음식
必需(필수) 반드시 필요함

---

6 **震** 떨 진

획수: **15** 부수: **雨**　　　　　　　　　　　　　　>>> 형성문자

雨 + 辰(진)

耐震(내진) 지진을 견딤
地震(지진) 지각 내부의 변화로 인하여 땅이 진동(震動)하는 현상

7

露 이슬 로

획수: **20** 부수: **雨**   >>> 형성문자

雨 + 路(로)

露骨(노골) / **露宿**(노숙) / **露天**(노천) / **露出**(노출) / **吐露**(토로)

8

霜 서리 상

획수: **17** 부수: **雨**   >>> 형성문자

雨 + 相(상)

霜菊(상국) / **秋霜**(추상)

9

雪 눈 설

획수: **11** 부수: **雨**   >>> 형성문자

雨 + 彗[세 / ㅋ의 원자] (→ 彗의 전음이 음을 나타냄)

雪景(설경) / **雪上加霜**(설상가상) / **雪辱**(설욕) / **雪原**(설원) / **積雪**(적설)

10

雨 비 우

획수: **8** 부수: **雨**   >>> 상형문자

하늘에서 물방울이 떨어지고 있는 모양을 본뜸

雨期(우기) / **雨傘**(우산) / **雨後竹筍**(우후죽순) / **暴雨**(폭우) / **豪雨**(호우)

11

雲 구름 운

획수: **12** 부수: **雨**   >>> 상형문자

구름의 모양을 본뜬 云에 雨를 더한 글자

雲霧(운무) / **雲集**(운집) / **暗雲**(암운)

제12장
지형 관련 부수

192

밭 전

경계가 지어진 밭을 표현한 글자이다.
田자를 부수로 삼는 한자는 대체로 농토(農土)와 관련된 뜻을 지닌다.

1 **疆** 지경 **강**
획수: **19** 부수: **田**   >>> 형성문자
弓 + 土 + 畺(강)

疆域(강역) 한 나라의 통치권이 미치는 지역
疆土(강토) 그 나라 국경 안에 있는 땅

2 **畏** 두려워할 **외**
획수: **9** 부수: **田**   >>> 회의문자
田[도깨비의 목] + 虎[범 호]
무서운 것의 뜻

畏敬(외경) 두려워하며 공경함
敬畏(경외) 공경하고 어려워함

3 **町** 밭두둑 **정**
획수: **7** 부수: **田**   >>> 형성문자
田 + 丁(정)

町畦(정휴) 밭두둑

4 **畜** 가축 축[1] / 기를 휵[2]

획수: **10** 부수: **田**　　　　　　　　　>>> 회의문자

玄 + 田

玄는 실을 묶은 모양이고, 田은 사냥하다의 뜻

사냥해서 잡은 짐승을 묶어둔다는 의미

畜舍(축사) 가축을 키우는 건물
畜産(축산) 가축을 길러 이익을 얻는 산업
畜愛(휵애) 기르고 사랑함
家畜(가축) 집에서 기르는 짐승
牧畜(목축) 가축을 기르는 일

5 **畢** 마칠 **필**

획수: **11** 부수: **田**　　　　　　　　　>>> 상형문자

자루가 긴 작은 그물의 모양. 마치다의 뜻은 가차(假借)

畢竟(필경) 마침내. 결국에는
畢生(필생) 목숨이 끊어질 때까지
未畢(미필) 아직 마치지 못함

3, 4급

6 **甲** 갑옷 **갑**

획수: **5** 부수: **田**　　　　　　　　　>>> 상형문자

초목의 싹이 껍질을 깨고 돋아나는 모양

甲男乙女(갑남을녀) / **甲論乙駁**(갑론을박) / **甲富**(갑부) / **甲時**(갑시) /
還甲(환갑)

7 **畿** 경기 **기**

획수: **15** 부수: **田**　　　　　　　　　>>> 형성문자

田 + 幾[幾(기)의 생략형]

機内(기내) / **京畿**(경기)

8

畓 논 답

획수: **9** 부수: **田** >>> 회의문자

田 + 水

논은 밭에 물을 대어 만든 것이라는 뜻

田畓(전답)

9

略 간략할 **략**

획수: **11** 부수: **田** >>> 형성문자

田 + 各(각) (→ 各의 전음이 음을 나타냄)

略曆(약력) / **略字**(약자) / **計略**(계략) / **大略**(대략) / **省略**(생략) / **侵略**(침략)

10

留 머무를 **류**

획수: **10** 부수: **田** >>> 형성문자

田 + 丣(류)

留念(유념) / **留學**(유학) / **保留**(보류) / **抑留**(억류) / **殘溜**(잔류) / **滯留**(체류)

11

申 납 **신**¹ / 펼 **신**²

획수: **5** 부수: **田** >>> 상형문자

번개의 모양을 본뜸

申告(신고) / **申聞鼓**(신문고) / **申請**(신청)

12

由 말미암을 **유**

획수: **5** 부수: **田** >>> 상형문자

바닥이 깊은 술 단지의 상형

가차하여 '말미암다'의 뜻을 나타냄

由來(유래) 사물의 내력(來歷)
經由(경유) 거쳐 지나감

국어 실력으로 이어지는 수(秀) 한자: 2급 하

緣由(연유) ❶ 일의 까닭

❷ 일이 거기서 비롯됨

自由(자유) 구속받지 않고 자기 마음대로 하는 일

13

異 다를 이

획수: **11** 부수: 田 　　　　　　　　　　　　　　>>> 상형문자

사람이 악귀를 쫓을 때 쓰는 탈을 쓰고, 두 손을 들고 있는 모양

그 탈을 쓰면 다른 사람이 되므로, '다르다'의 뜻을 나타낸다

異見(이견) / **異口同聲**(이구동성) / **異例**(이례) / **異性**(이성) / **異議**(이의) /
特異(특이)

14

畫 그림 화¹ / 그을 획²

획수: **12** 부수: 田 　　　　　　　　　　　　　　>>> 회의문자

聿 + 田

손에 붓[聿(율)]을 잡고 무언가를 그리고[田] 있는 모습

참고) 畵는 畫의 속자(俗字)

畫家(화가) / **畫龍點睛**(화룡점정) / **畫蛇添足**(화사첨족) / **畫一**(획일) /
計畫(계획) / **區畫**(구획)

193

穴 구멍 혈

구멍이 난 굴을 표현한 글자이다.
穴자 부수에 속하는 한자는 일반적으로 동굴이나 구멍과 관련된 뜻
을 지니고 있다.

2급

1
窟 굴 굴
획수: **13** 부수: **穴**　　　　　　　　　　　　　　>>> 형성문자
穴 + 屈(굴)

洞窟(동굴) 깊고 넓은 굴
土窟(토굴) ❶ 흙을 파낸 큰 구덩이
　　　　　❷ 땅속으로 뚫린 큰 굴

2
竊 도둑 절
획수: **22** 부수: **穴**　　　　　　　　　　　　　　>>> 회의문자
穴 + 米[쌀] + 卨[벌레]
벌레가 쌀을 몰래 훔쳐 먹음의 뜻

竊盜(절도) 남의 물건을 몰래 훔침
剽竊(표절) 남의 문장, 학설의 일부를 허락 없이 몰래 따다 씀

3
穽 함정 정
획수: **9** 부수: **穴**　　　　　　　　　　　　　　>>> 형성문자
宀 + 井(정)

陷穽(함정) 짐승을 잡기 위하여 파 놓은 구덩이

4 **窒** 막을 질

획수: **11** 부수: **穴**　　　　　　　　　　　　　　　>>> 형성문자

穴 + 至(지) (→ 至의 전음이 음을 나타냄)

窒塞(질색) 몹시 놀라거나 싫어서 기막힐 지경에 이름

窒息(질식) 숨이 막힘

5 **穴** 구멍 혈

획수: **5** 부수: **穴**　　　　　　　　　　　　　　　>>> 상형문자

穴居(혈거) 동굴 속에서 삶

洞穴(동혈) 깊고 넓은 구멍. 동굴

3, 4급

6 **究** 궁구할 구

획수: **7** 부수: **穴**　　　　　　　　　　　　　　　>>> 형성문자

穴 + 九(구)

究明(구명) / **講究**(강구) / **窮究**(궁구) / **研究**(연구) / **探求**(탐구)

7 **窮** 궁할 궁

획수: **15** 부수: **穴**　　　　　　　　　　　　　　　>>> 형성문자

穴 + 躬(궁)

窮極(궁극) / **窮理**(궁리) / **窮餘之策**(궁여지책) / **困窮**(곤궁) / **無窮**(무궁) /
追窮(추궁)

8 **突** 부딪칠 돌

획수: **9** 부수: **穴**　　　　　　　　　　　　　　　>>> 회의문자

穴 + 犬[개] (→ 개가 구멍에서 갑자기 뛰어나옴의 뜻)

突發(돌발) / **突變**(돌변) / **突進**(돌진) / **突破**(돌파) / **激突**(격돌) /
衝突(충돌)

194

行 다닐 행

사방(四方)으로 트인 사거리를 표현한 글자이다.

1
衍 퍼질 연
획수: **9** 부수: **行** >>> 회의문자
氵[물] + 行
물이 흘러감의 뜻. 파생되어 퍼짐의 뜻으로도 쓰인다

蔓衍(만연) 널리 퍼짐
敷衍(부연) 알기 쉽게 자세히 설명을 덧붙여 늘어놓음

2
衝 찌를 충
획수: **15** 부수: **行** >>> 형성문자
行 + 重(중) (→ 重의 전음이 음을 나타냄)

衝擊(충격) ❶ 부딪쳤을 때의 심한 타격
　　　　　 ❷ 심한 마음의 동요
衝突(충돌) ❶ 서로 부딪침
　　　　　 ❷ 의견이나 이해관계의 대립으로 서로 맞서서 싸움
衝動(충동) 흥분할 정도로 강한 자극을 일으킴, 또는 그러한 자극
要衝(요충) 군사상 또는 지리상 긴요한 곳

3
衡 저울 형
획수: **16** 부수: **行** >>> 회의문자

行 + 角[뿔] + 大

衡平(형평) 균형이 잡혀 있음
均衡(균형) 어느 한쪽으로 치우침이 없이 반듯하고 고름
銓衡(전형) 사람을 여러모로 시험하여 골라 뽑음
連橫(연횡) 전국 시대에 장의(張儀)가 주장한, 진(秦)나라와 동쪽의 여섯 나라
　　　를 동서(東西)로 연합하려던 외교 정책

3, 4급

4
街 거리 가
획수: **12** 부수: **行**　　　　　　　　　　>>> 형성문자
行 + 圭(규) (→ 圭의 전음이 음을 나타냄)

街談巷說(가담항설) / **街道**(가도) / **街路**(가로) / **市街**(시가)

5
術 재주 술
획수: **11** 부수: **行**　　　　　　　　　　>>> 형성문자
行 + 朮(술)

劍術(검술) / **技術**(기술) / **武術**(무술) / **藝術**(예술) / **醫術**(의술)

195

谷 골 곡

두 산 사이의 골짜기로부터 물이 흘러나오는 모양을 표현한 것이다.

3, 4급

1

谷 골 곡

획수: **7** 부수: **谷** 　　　　　　　　　　　　>>> 회의문자

仌 + 口

물줄기[仌]가 계곡의 입구[口]에서 흘러나오는 모습을 그린 것이다

溪谷(계곡) / **幽谷**(유곡) / **峽谷**(협곡)

邑 고을 **읍**

阝 우부방

일정하게 경계 그어진 지역과 꿇어앉아 있는 사람이 어우러진 모습을 표현한 글자이다.
邑자가 글자에 덧붙여질 때는 阝의 형태로 쓰이는데 '우부방'이라 한다.

2급

1
郭 외성 **곽**
획수: **11** 부수: **邑**   >>> 형성문자
阝 + 享(향) (→ 享의 전음이 음을 나타냄)

城郭(성곽) ❶ 내성(內城)과 외성(外城)의 총칭
❷ 성의 둘레
外郭(외곽) ❶ 성 밖으로 다시 둘러쌓은 성
❷ 바깥 테두리
輪郭(윤곽) ❶ 둘레의 선. 테두리
❷ 사물의 대강

2
郊 들 **교**
획수: **9** 부수: **邑**   >>> 형성문자
阝 + 交(교)

郊外(교외) 도시 주위의 들
近郊(근교) 도시에 가까운 지역

3
邱 언덕 **구**
획수: **8** 부수: **邑**   >>> 형성문자
阝 + 丘(구)

4 那 어찌 **나**[1] / 어조사 **내**[2]

획수: **7** 부수: **邑** >>> 회의문자

阝 + 尹[冄]

본디 땅이름을 나타냈으나, 가차하여 '어찌'의 뜻이 되었다

奈落(나락) 범어 'Naraka'의 음역(音譯)

❶ 지옥

❷ 구원할 수 없는 마음의 구렁텅이

刹那(찰나) 범어 'Ksana'의 음역(音譯). 아주 짧은 동안

5 邪 간사할 **사**[1] / 어조사 **야**[2]

획수: **7** 부수: **邑** >>> 형성문자

阝 + 牙(아) (→ 牙의 전음이 음을 나타냄)

邪教(사교) ❶ 올바르지 못한 가르침

❷ 올바르지 못한 종교

邪惡(사악) 간사하고 악독함

奸邪(간사) 성실이 능갈치고 행실이 바르지 못함

妖邪(요사) 요망하고 간사함

斥邪(척사) 사악한 것을 물리침

6 鄭 나라이름 **정**

획수: **15** 부수: **邑** >>> 형성문자

阝 + 奠(전) (→ 奠의 전음이 음을 나타냄)

鄭重(정중) ❶ 점잖고 무게가 있음

❷ 친절하고 은근함

7 邢 나라이름 **형**

획수: **7** 부수: **邑** >>> 형성문자

阝 + 开(견) (→ 开의 전음이 음을 나타냄)

국어 실력으로 이어지는 수(秀) 한자: 2급 하

8

都 도읍 도

획수: **12** 부수: **邑** 　　　　　　　　　>>> 형성문자

阝 + 者(자) (→ 者의 전음이 음을 나타냄)

都城(도성) / **都邑**(도읍) / **首都**(수도) / **遷都**(천도) / **港都**(항도)

9

郞 사내 랑

획수: **10** 부수: **邑** 　　　　　　　　　>>> 형성문자

阝 + 良(량) (→ 良의 전음이 음을 나타냄)

郞君(낭군) / **新郞**(신랑)

10

邦 나라 방

획수: **7** 부수: **邑** 　　　　　　　　　>>> 형성문자

阝 + 丰(봉) (→ 丰의 전음이 음을 나타냄)

萬邦(만방) / **盟邦**(맹방) / **聯邦**(연방) / **友邦**(우방) / **合邦**(합방)

11

郵 우편 우

획수: **11** 부수: **邑** 　　　　　　　　　>>> 형성문자

阝 + 垂(수) (→ 垂의 전음이 음을 나타냄)

郵送(우송) / **郵遞局**(우체국) / **郵便**(우편) / **郵票**(우표)

12

鄕 시골 향

획수: **13** 부수: **邑** 　　　　　　　　　>>> 상형문자

사람이 마주 앉아 식사를 하고 있는 모양

鄕愁(향수) / **鄕土**(향토) / **故鄕**(고향) / **理想鄕**(이상향)

197

里 마을 리

사람이 농사를 지을 수 있는 땅과 집을 지어 살 수 있는 땅이 어우러져 표현된 글자이다.

3, 4급

1

量 헤아릴 **량**
획수: **12** 부수: **里**   >>> 상형문자
곡물을 넣는 주머니 위에 깔때기를 댄 모양을 본떠, 분량을 세다의 뜻을 나타냄

量刑(양형) / **計量**(계량) / **度量衡**(도량형) / **分量**(분량) / **裁量**(재량)

198

阜 언덕 **부**　　　　阝 좌부방

층층이 진 언덕을 표현한 글자이다.
부자가 글자에 덧붙여 질 때는 阝의 형태로 쓰이는데, 항상 글자의 왼쪽
에만 덧붙여져 '좌부방'이라 한다.

2급

1

隔 막힐 **격**

획수: **13** 부수: **阜**　　　　　　　　　　　>>> 형성문자

阝 + 鬲(격)

隔年(격년) 한 해 또는 한 해씩 거름
隔離(격리) 사이를 막거나 떼어 놓음
隔差(격차) 수준이나 품질, 수량 따위의 차이
間隔(간격) 떨어진 거리
遠隔(원격) 기한이나 거리가 멀리 떨어져 있음

2

陶 질그릇 **도**¹ / 사람이름 **요**²

획수: **11** 부수: **阜**　　　　　　　　　　　>>> 형성문자

阝 + 匋(도)

陶器(도기) 질그릇
陶冶(도야) 질그릇을 굽고 풀무질을 함. '몸과 마음을 닦음'을 이름
陶藝(도예) 도자기에 관한 미술, 공예 따위
陶醉(도취) 즐기거나 좋아하는 것에 마음이 쏠려 취하다시피 열중함

3 **隆** 높을 **륭**

획수: **12** 부수: **阜**   >>> 형성문자

生 + 夅(강) (→ '夅'은 봉긋 돋아 오르는 모양을 나타내는 의태어)

隆起(융기) 어느 한 부분이 높이 솟아오름
隆盛(융성) 매우 기운차게 일어나거나 대단히 번성함
隆崇(융숭) 극히 정성스러움

4 **陵** 언덕 **릉**

획수: **11** 부수: **阜**   >>> 형성문자

阝 + 夌(릉)

陵遲處斬(능지처참) 지난날, 대역죄인에게 내리던 극형
丘陵(구릉) 언덕, 또는 나직한 산
王陵(왕릉) 임금의 무덤

5 **附** 붙을 **부**

획수: **8** 부수: **阜**   >>> 형성문자

阝 + 付(부)

附加(부가) 이미 있는 것에 덧붙임
附近(부근) 가까운 언저리
附着(부착) 들러붙어 떨어지지 않음
寄附(기부) 어떤 일을 도울 목적으로 자기 재산을 내어 줌
添附(첨부) 더 보태거나 덧붙임

6 **隨** 따를 **수**

획수: **16** 부수: **阜**   >>> 형성문자

辵 + 隋(수)

隨伴(수반) ❶ 붙좇아서 따름
          ❷ 어떤 일과 함께 일어남

隨時(수시) 때때로. 때에 따라
隨筆(수필) 견문, 체험, 감상 등을 붓 가는 대로 쓴 글
隨行(수행) 윗사람을 따라감
附隨(부수) 주되는 것에 따라감

7 阿 언덕 아

획수: **8** 부수: **阜**　　　　　　　　　　>>> 형성문자

阝 + 可(가) (→ 可의 전음이 음을 나타냄)

阿附(아부) 남의 비위를 맞추려고 알랑거림
阿鼻叫喚(아비규환) 불교에서 말하는, 아비지옥과 규환지옥. '참혹한 고통 속
　　　　　　　에서 살려고 울부짖는 상태'를 이름
阿諂(아첨) 남의 환심을 사거나 잘 보이기 위하여 알랑거림

8 隘 좁을 애[1] / 막을 액[2]

획수: **13** 부수: **阜**　　　　　　　　　　>>> 형성문자

阝 + 益(익) (→ 益의 전음이 음을 나타냄)

隘路(애로) ❶ 산과 산 사이의 좁은 길
　　　　　❷ 일의 진행을 막는 장애
狹隘(협애) ❶ 매우 비좁음
　　　　　❷ 마음이 좁음

9 隱 숨을 은

획수: **17** 부수: **阜**　　　　　　　　　　>>> 형성문자

阝 + 㥥(은)

隱遁(은둔) 세상을 피하여 숨음
隱密(은밀) 숨겨 비밀로 함
隱士(은사) 세상을 피하여 조용히 살고 있는 선비
隱然(은연) ❶ 그윽하고 은근함
　　　　　❷ 겉으로 드러나지 아니함
隱忍自重(은인자중) 마음속으로 참으며 몸가짐을 신중히 함

10 **阪** 비탈 **판**

획수: **7** 부수: **阜**   >>> 형성문자

阝 + 反(반) (→ 反의 전음이 음을 나타냄)

版上走丸(판상주환) 비탈 위에서 공을 굴림. '형세에 편승하면 일이 손쉬움'
의 비유

11 **陷** 빠질 **함**

획수: **11** 부수: **阜**   >>> 형성문자

阝 + 臽(함)

陷落(함락) 성이나 요새 등을 공격하여 무너뜨림
陷沒(함몰) 움푹 꺼짐
陷穽(함정) 짐승을 잡으려고 판 구덩이
缺陷(결함) 결점이나 흠
謀陷(모함) 꾀를 써서 남을 궁지에 빠뜨림

3, 4급

12 **階** 섬돌 **계**

획수: **12** 부수: **阜**   >>> 형성문자

阝 + 皆(개) (→ 皆의 전음이 음을 나타냄)

階級(계급) / **階段**(계단) / **位階**(위계)

13 **隊** 떼 **대**[1] / 떨어질 **추**[2] / 길 **수**[3]

획수: **12** 부수: **阜**   >>> 형성문자

阝 + 㒸(수)

隊伍(대오) / **隊形**(대형) / **軍隊**(군대) / **樂隊**(악대) / **編隊**(편대)

14

陸 뭍 **륙**

획수: **11** 부수: **阜**   >>> 형성문자

阝 + 坴(륙)

陸軍(육군) / **陸上**(육상) / **陸地**(육지) / **內陸**(내륙) / **上陸**(상륙) / **離陸**(이륙)

15

防 막을 **방**

획수: **7** 부수: **阜**   >>> 형성문자

阝 + 方(방)

防犯(방범) / **防備**(방비) / **防禦**(방어) / **防衛**(방위) / **防止**(방지) / **豫防**(예방)

16

院 집 **원**

획수: **10** 부수: **阜**   >>> 형성문자

阝 + 完(완) (→ 完의 전음이 음을 나타냄)

開院(개원) / **病院**(병원) / **寺院**(사원) / **通院**(통원)

17

陰 그늘 **음**

획수: **11** 부수: **阜**   >>> 형성문자

阝 + 侌(음)

陰謀(음모) / **陰陽**(음양) / **陰地**(음지) / **光陰**(광음) / **綠陰**(녹음)

18

障 막힐 **장**

획수: **14** 부수: **阜**   >>> 형성문자

阝 + 章(장)

障壁(장벽) / **障礙**(장애) / **障害**(장해) / **故障**(고장) / **支障**(지장)

19 除 덜 제
획수: **10** 부수: **阜**   >>> 형성문자
阝 + 余(여) (→ 余의 전음이 음을 나타냄)

除去(제거) / **除隊**(제대) / **除外**(제외) / **免除**(면제) / **解除**(해제)

20 際 사이 제
획수: **14** 부수: **阜**   >>> 형성문자
阝 + 祭(제)

交際(교제) / **實際**(실제)

21 陣 진칠 진
획수: **10** 부수: **阜**   >>> 형성문자
阝 + 木 + 申(신) (→ 申의 전음이 음을 나타냄)

陣頭(진두) / **陳地**(진지) / **陣痛**(진통) / **背水陣**(배수진) / **敵陣**(적진)

22 陳 베풀 진
획수: **11** 부수: **阜**   >>> 형성문자
阝 + 木 + 申(신) (→ 申의 전음이 음을 나타냄)

陳述(진술) / **陳列**(진열) / **陳情**(진정) / **開陳**(개진)

23 限 한정 한
획수: **9** 부수: **阜**   >>> 형성문자
阝 + 艮(간) (→ 艮의 전음이 음을 나타냄)

限界(한계) / **限度**(한도) / **限定**(한정) / **局限**(국한) / **期限**(기한) / **制限**(제한)

국어 실력으로 이어지는 수(秀) 한자: 2급 하

24 **降** 내릴 강[1] / 항복할 항[2]

획수: **9** 부수: **阜**　　　　　　　　　　　>>> 형성문자

阝 + 夅(항)

降等(강등) / **降雨**(강우) / **降服**(항복) / **下降**(하강) / **投降**(투항)

25 **險** 험할 험

획수: **16** 부수: **阜**　　　　　　　　　　　>>> 형성문자

阝 + 僉(첨) (→ 僉의 전음이 음을 나타냄)

險難(험난) / **險談**(험담) / **險路**(험로) / **險峻**(험준) / **危險**(위험)

멀 경

양쪽으로 멀리 펼쳐져 있는 경계를 나타낸 ㅣ」와, 그 경계의 끝을 나타낸 一의 형태가 어우러진 글자이다.

2급

1

冒 무릅쓸 모

획수: **9** 부수: 冂　　　　　　　　　　　　　>>> 회의문자

日 + 目[눈] (→ 눈을 물건으로 가림을 뜻함)

冒瀆(모독) 범하여 욕되게 함
冒頭(모두) 말이나 글의 첫머리
冒險(모험) 위험을 무릅씀

3, 4급

2

再 두 재

획수: **6** 부수: 冂　　　　　　　　　　　　　>>> 상형문자

대바구니 위에 물건을 얹어 놓은 모양. 포개 놓은 데서 거듭을 뜻함

再嫁(재가) / **再建**(재건) / **再考**(재고) / **再發**(재발) / **再會**(재회)

3

冊 책 책

획수: **5** 부수: 冂　　　　　　　　　　　　　>>> 상형문자

대쪽을 실로 꿰어 놓은 모양을 본뜬 글자

冊封(책봉) / **別冊**(별책) / **分冊**(분책)

200

입벌릴 **감**

땅이 푹 꺼져 들어간 구덩이를 표현한 글자이다.

2급

1

函 함 **함**¹ / 갑옷 **함**²

획수: **8** 부수: **凵**   >>> 상형문자

화살을 넣은 용기의 모양

書函(서함) ❶ 책 상자
            ❷ 편지

3, 4급

2

凶 흉할 **흉**

획수: **4** 부수: **凵**   >>> 상형문자

凵[함정] + 乂[갈라진 틈]
전하여 나쁨의 뜻

凶器(흉기) / **凶年**(흉년) / **凶惡**(흉악) / **凶作**(흉작) / **吉凶**(길흉)

201

匚 감출 혜

위는 가리어 덮고 있고, 아래는 무언가 숨겨 감추어 있음을 표현한 글
자이다.

1
匪 도둑 **비**¹ / 나눌 **분**²
획수: **10** 부수: **匚**   >>> 형성문자
匚 + 非(비)

匪賊(비적) 떼를 지어 돌아다니며 재물을 약탈하는 도둑

2
匠 장인 **장**
획수: **6** 부수: **匚**   >>> 회의문자
斤[도끼] + 匚[곱자]
둘 다 목수의 연장. 전하여 장인의 뜻이 됨

匠人(장인) 물건 만드는 일을 업으로 삼는 사람
巨匠(거장) 학술계나 예술계에서 특히 뛰어난 대가(大家)
名匠(명장) 이름난 장인

202 厂 언덕 한

위는 오른쪽으로 바위가 약간 나와 있고, 그 아래는 빈 굴이 있는 모습의 비탈진 언덕을 표현한 글자이다.

2급

1 **厥** 그 궐¹ / 나라이름 궐²
획수: **12** 부수: **厂**   >>> 형성문자
厂 + 欮(궐)

厥女(궐녀) 그 여자
突厥(돌궐) 6세기 중엽에 몽골, 중앙아시아 일대에 터키계의 유목민이 세운 대제국, 또는 그 종족

2 **厄** 재앙 액
획수: **4** 부수: **厂**   >>> 회의문자
厂 + 㔾(절)
'㔾'은 사람이 무릎 꿇은 모양을 본뜸. 파생하여 '재앙'의 뜻을 나타냄

厄運(액운) 재앙을 당할 운수
橫厄(횡액) 뜻밖에 닥쳐오는 재앙

203

에울 위

일정한 경계를 가지고 에워 두른 지역을 표현한 글자이다.
口자 부수에 속하는 한자는 대개 일정하게 경계를 두르고 있는 모습
과 관련된 뜻을 지닌다.

2급

1 **圈** 우리 권
획수: **11** 부수: **口**   >>> 형성문자
口 + 卷(권)

圈內(권내) 일정한 범위 내
商圈(상권) 상업상의 세력권

3, 4급

2 **固** 굳을 고
획수: **8** 부수: **口**   >>> 형성문자
口 + 古(고)

固辭(고사) / **固守**(고수) / **固執**(고집) / **堅固**(견고) / **頑固**(완고) / **確固**(확고)

3 **困** 곤할 곤
획수: **7** 부수: **口**   >>> 회의문자
木[나무] + 口[우리]
나무가 우리 안에 갇혀서 자라지 못하고 있는 모양. 전하여 곤란함의 뜻

困境(곤경) / **困窮**(곤궁) / **困辱**(곤욕) / **勞困**(노곤) / **貧困**(빈곤) /
疲困(피곤)

4 **團** 둥글 **단**

획수: **14** 부수: 囗   >>> 형성문자

囗 + 專(전) (→ 專의 전음이 음을 나타냄)

團結(단결) / **團員**(단원) / **團長**(단장) / **團體**(단체) / **集團**(집단)

5 **囚** 가둘 **수**

획수: **5** 부수: 囗   >>> 회의문자

囗 + 人 (→ 사람을 한 곳에 가두어 둠의 뜻)

囚衣(수의) / **罪囚**(죄수)

6 **園** 동산 **원**

획수: **13** 부수: 囗   >>> 형성문자

囗 + 袁(원)

園藝(원예) / **公園**(공원) / **田園**(전원) / **庭園**(정원) / **學園**(학원)

7 **圓** 둥글 **원**

획수: **13** 부수: 囗   >>> 형성문자

囗 + 員(원)

圓滿(원만) / **圓熟**(원숙) / **圓形**(원형) / **圓滑**(원활)

8 **圍** 둘레 **위**

획수: **12** 부수: 囗   >>> 형성문자

囗 + 韋(위)

範圍(범위) / **包圍**(포위)

9
囚 인할 **인**

획수: **6** 부수: **口**　　　　　　　　　　　　　>>> 회의문자

口 + 大

口[집] 속에 大[사람]이 있는 모양

因習(인습) / **因緣**(인연) / **起因**(기인) / **原因**(원인)

10
回 돌아올 **회**

획수: **6** 부수: **口**　　　　　　　　　　　　　>>> 상형문자

연못의 물이 회전하는 모양을 그린 것

回顧(회고) / **回復**(회복) / **回信**(회신) / **回轉**(회전) / **回避**(회피) / **撤回**(철회)

204

廴 길게 걸을 **인**

길을 표현한 글자이다.

2급

1

廻 돌 **회**

획수: **9** 부수: **廴**　　　　　　　　　　　>>> 형성문자

廴 + 回(회)

廻轉(회전) 빙빙 돎
廻避(회피) 누구를 만나거나 책임지는 것을 피함
迂廻(우회) 멀리 돌아서 감

3, 4급

2

建 세울 **건**

획수: **9** 부수: **廴**　　　　　　　　　　　>>> 회의문자

廴[廷의 생략자/세우다] + 聿[법률] (→ 조정에서 법을 제정함의 뜻)

建國(건국) / **建立**(건립) / **建物**(건물) / **建築**(건축) / **再建**(재건) / **創建**(창건)

3

延 끌 **연**

획수: **7** 부수: **廴**　　　　　　　　　　　>>> 회의문자

廴 + 正[바르다]
正(정)은 똑바로 가다, 廴(인)은 '길'의 뜻. 길이 똑바로 뻗어 간다는 의미

延期(연기) / **延命**(연명) / **延長**(연장) / **延着**(연착) / **延滯**(연체)

257

4

廷 조정 **정**

획수: **7** 부수: 廴

廴 + 壬(정)

>>> 형성문자

法廷(법정) / **朝廷**(조정)

205

彳 지축거릴 **척**

길을 표현한 글자이다.

彳자 부수에 속하는 한자는 대체로 거리와 관련된 뜻을 지닌다.

2급

1

徑 지름길 **경**

획수: **10** 부수: 彳   >>> 형성문자

彳 + 巠(경)

半徑(반경) ❶ 반지름

❷ 어떤 일이 미치는 범위

直徑(직경) 원이나 구(球)의 중심을 지나 그 둘레 위의 두 점을 직선으로 이

은 선분. 지름

捷徑(첩경) 지름길

2

微 작을 **미**

획수: **13** 부수: 彳   >>> 형성문자

彳 + 散(미)

微妙(미묘) 섬세하고 야릇함

微細(미세) 매우 가늘고 작음

微笑(미소) 소리를 내지 아니하고 가볍게 웃는 웃음

微賤(미천) 신분, 지위가 보잘것없고 천함

稀微(희미) 어렴풋함

3

徙 옮길 **사**

획수: **11** 부수: 彳   >>> 형성문자

彳 + 止(지) (→ 止의 전음이 음을 나타냄)

移徙(이사) 집을 옮김

4

徐 천천히할 **서**

획수: **10** 부수: 彳   >>> 형성문자

彳 + 余(여) (→ 余의 전음이 음을 나타냄)

徐行(서행) 천천히 감

5

循 돌 **순**

획수: **12** 부수: 彳   >>> 형성문자

彳 + 盾(순)

循行(순행) 여러 곳을 돌아다님
循環(순환) 끊임없이 주기적으로 반복하여 돎 또는 그 과정

6

御 어거할 **어**

획수: **11** 부수: 彳   >>> 회의문자

彳 + 卸

御命(어명) 임금의 명령
御用(어용) ❶ 임금이 쓰는 물건
           ❷ 권력에 아첨하고 자주성이 없는 사람이나 단체를 경멸하여 이
           르는 말
崩御(붕어) 임금이 세상을 떠남
制御(제어) 억눌러 알맞게 조절함

7 **徵** 부를 징¹ / 음계 치²

획수: **15** 부수: 彳 　　　　　>>> 회의문자

微의 생략형 + 王[나타남]

미천하게 숨어 있어도 세상에 알려져 부름을 받음의 뜻

徵兵(징병) 법에 의거하여 해당자를 군대에 복무시키기 위하여 모음
徵收(징수) 세금, 수수료 따위를 거두어들임
徵兆(징조) 어떤 일이 생길 조짐
象徵(상징) 어떤 개념이나 사상을 구체적인 말이나 사물로 바꾸어 나타내는 일
特徵(특징) 특별히 두드러진 점

8 **徹** 통할 철

획수: **15** 부수: 彳 　　　　　>>> 회의문자

彳 + 攴[가르침] + 育[기를 육]

교도하면 알게 됨의 뜻. 전하여 통함의 뜻

徹頭徹尾(철두철미) 처음부터 끝까지 철저함
徹底(철저) 속속들이 밑바닥까지 관철하는 모양이나 태도
徹天之恨(철천지한) 하늘까지 사무치는 커다란 원한
貫徹(관철) 자신의 주장이나 방침을 일관하여 밀고 나감

3, 4급

9 **待** 기다릴 대

획수: **9** 부수: 彳 　　　　　>>> 형성문자

彳 + 寺(사) (→ 寺의 전음이 음을 나타냄)

對機(대기) / **待令**(대령) / **期待**(기대) / **冷待**(냉대) / **優待**(우대)

10 **德** 덕 **덕**

획수: **15** 부수: 彳   >>> 형성문자

彳 + 悳(덕)

德望(덕망) / **德性**(덕성) / **道德**(도덕) / **美德**(미덕) / **人德**(인덕)

11 **徒** 무리 **도**

획수: **10** 부수: 彳   >>> 형성문자

彳 + 土(토) (→ 土의 전음이 음을 나타냄)

徒步(도보) / **暴徒**(폭도) / **學徒**(학도)

12 **得** 얻을 **득**

획수: **11** 부수: 彳   >>> 회의문자

彳 + 貝[화폐] + 寸[손] (→ 가서 화폐를 손에 넣음의 뜻)

得道(득도) / **得勢**(득세) / **得失**(득실) / **納得**(납득) / **利得**(이득) / **自得**(자득)

13 **律** 법 **률**

획수: **9** 부수: 彳   >>> 형성문자

彳 + 聿(율)

規律(규율) / **法律**(법률) / **韻律**(운율) / **音律**(음률) / **自律**(자율)

14 **復** 회복할 **복**[1] / 다시 **부**[2]

획수: **12** 부수: 彳   >>> 형성문자

彳 + 复(복)

復舊(복구) / **復歸**(복귀) / **復職**(복직) / **復活**(부활) / **復興**(부흥) / **回復**(회복)

15 **役** 부릴 **역**

획수: **7** 부수: 彳 　　　　　　　　　　　　　　　　　　　 >>> 회의문자

彳 + 殳[팔모창] (→ 창을 들고 가서 국경을 지킴의 뜻)

役割(역할) / **苦役**(고역) / **配役**(배역) / **兵役**(병역) / **賦役**(부역) / **使役**(사역)

16 **往** 갈 **왕**

획수: **8** 부수: 彳 　　　　　　　　　　　　　　　　　　　 >>> 형성문자

彳 + 㞷(황) (→ 㞷의 전음이 음을 나타냄)

往年(왕년) / **往來**(왕래) / **往復**(왕복) / **往診**(왕진)

17 **征** 칠 **정**

획수: **8** 부수: 彳 　　　　　　　　　　　　　　　　　　　 >>> 형성문자

彳 + 正(정)

征伐(정벌) / **征服**(정복) / **長征**(장정) / **出征**(출정)

18 **從** 좇을 **종**[1] / 시중들 **종**[2]

획수: **11** 부수: 彳 　　　　　　　　　　　　　　　　　　　 >>> 회의문자

从[從의 원자] + 彳[길을 감]

從軍(종군) / **服從**(복종) / **順從**(순종) / **侍從**(시종) / **主從**(주종)

19 **彼** 저 **피**

획수: **8** 부수: 彳 　　　　　　　　　　　　　　　　　　　 >>> 형성문자

彳 + 皮(피)

彼岸(피안) / **彼此**(피차)

206

쉬엄쉬엄 갈 **착**   책받침

길[彳]에 사람의 발[止]이 있음을 표현한 글자이다.
오늘날 辵자는 변화된 형태인 辶으로 흔히 쓰이고 있는데 그 명칭을 '책
받침'이라 한다.

2급

1   **遣** 보낼 **견**
    획수: **14** 부수: **辵**   >>> 형성문자
    辶 + 𠳋(견)

    派遣(파견) 임무를 맡겨 어느 곳에 보냄

2   **途** 길 **도**
    획수: **11** 부수: **辵**   >>> 형성문자
    辶 + 余(여) (→ 余의 전음이 음을 나타냄)

    途中(도중) ❶ 길을 가고 있는 동안
                 ❷ 일을 하고 있는 사이

3   **迷** 미혹할 **미**
    획수: **10** 부수: **辵**   >>> 형성문자
    辶 + 米(미)

    迷宮(미궁) ❶ 나올 길을 쉽게 찾을 수 없게 되어 있는 곳
                 ❷ '사건 같은 것이 얽혀서 실마리를 찾기 어려움'의 비유
    迷路(미로) 갈피를 잡을 수 없이 헷갈리는 길
    迷信(미신) 종교적, 과학적 관점에서 볼 때 불합리하다고 판단되는 신앙

迷兒(미아) ❶ 길을 잃은 아이

❷ '자기 아들'의 겸칭

迷惑(미혹) ❶ 무엇에 홀려 정신이 헷갈림

❷ 남의 마음을 헷갈리게 함

昏迷(혼미) ❶ 정신이 헷갈리고 흐릿함

❷ 사리에 어둡고 미혹됨

4 **迫** 핍박할 **박**

획수: **9** 부수: **辵**   >>> 형성문자

辶 + 白(백) (→ 白의 전음이 음을 나타냄)

迫力(박력) 강하게 밀고 나가는 힘

迫害(박해) 못 견디게 괴롭히거나 해를 입힘

驅迫(구박) 못 견디게 괴롭힘

急迫(급박) 일의 형세가 급하고 매우 밭음

5 **逝** 갈 **서**

획수: **11** 부수: **辵**   >>> 형성문자

辶 + 折(절) (→ 折의 전음이 음을 나타냄)

逝去(서거) '죽음'을 정중하게 이르는 말

急逝(급서) 갑자기 죽음

6 **遜** 겸손할 **손**

획수: **14** 부수: **辵**   >>> 형성문자

辶 + 孫(손)

遜色(손색) 서로 견주어 보아 못하거나 모자란 점

謙遜(겸손) 남을 높이고 자기를 낮추는 태도가 있음

恭遜(공손) 예의 바르고 겸손함

7 **遂** 드디어 수

획수: **13** 부수: **辵**   >>> 형성문자

辶 + 豕(수)

遂行(수행) 일을 계획대로 해냄
未遂(미수) 아직 이루지 못함

8 **迅** 빠를 신

획수: **7** 부수: **辵**   >>> 형성문자

辶 + 卂(신)

迅速(신속) 대단히 빠름
迅捷(신첩) 재빠름

9 **遙** 멀 요

획수: **14** 부수: **辵**   >>> 형성문자

辶 + 䍃(요)

遙遠(요원) 아득히 멂
逍遙(소요) 산책 삼아 이리저리 자유롭게 거닒

10 **違** 어길 위

획수: **13** 부수: **辵**   >>> 형성문자

辶 + 韋(위)

違反(위반) 법령, 계약, 약속 등을 어김
違法(위법) 법을 어김
違約(위약) 약속을 어김
違憲(위헌) 헌법 규정에 어긋남

국어 실력으로 이어지는 수(秀) 한자: 2급 하

11 **迹** 자취 적

획수: **10** 부수: **辵** >>> 형성문자

辶 + 亦(역) (→ 亦의 전음이 음을 나타냄)

足跡(족적) ❶ 발자국
　　　　 ❷ 걸어오거나 지내온 자취
蹤迹(종적) 발자취
痕迹(흔적) 남은 자취

12 **週** 돌 주

획수: **12** 부수: **辵** >>> 형성문자

辶 + 周(주)

週刊(주간) 한 주일에 한 번씩 발행함, 또는 그 간행물
週期(주기) 한 바퀴 도는 시기
週年(주년) 한 해를 단위로 하여 돌아오는 그날을 세는 단위
週報(주보) 한 주일에 한 번씩 발행하는 신문이나 잡지

13 **遵** 좇을 준

획수: **16** 부수: **辵** >>> 형성문자

辶 + 尊(준)

遵據(준거) 어떤 일을 기준으로 하여 거기에 따름
遵法(준법) 법이나 규칙을 따름
遵守(준수) 그대로 좇아서 지킴

14 **遲** 더딜 지¹ / 기다릴 지²

획수: **16** 부수: **辵** >>> 형성문자

辶 + 犀(서) (→ '犀'는 걸음이 느린 동물, '코뿔소'의 뜻)

遲延(지연) 늦어짐, 또는 오래 끎
遲遲不進(지지부진) 몹시 더디어서 잘 나아가지 않음
遲滯(지체) 때를 늦추거나 질질 끎

15 **遮** 가릴 **차**

획수: **15** 부수: **辶** >>> 형성문자

辶 + 庶(서)

'庶'는 많은 사람이 모이다의 뜻

길을 가는데 많은 사람이 있어 가로막다의 의미

遮斷(차단) 서로 통하지 못하게 막아 끊음

遮陽(차양) ❶ 처마 끝에 덧대어서 비나 볕을 피하게 만든 지붕

❷ 모자 따위의 앞에 비죽이 나온 손잡이 부분

16 **遷** 옮길 **천**

획수: **16** 부수: **辶** >>> 형성문자

辶 + 䙴(천)

變遷(변천) 변하여 바뀜

左遷(좌천) 높은 지위에서 낮은 지위로 떨어짐

播遷(파천) 임금이 도성(都城)을 떠나 다른 곳으로 피란함

17 **逮** 잡을 **체**[1] / 미칠 **태**[2]

획수: **12** 부수: **辶** >>> 형성문자

辶 + 隶(체)

逮捕(체포) 죄를 범하였거나 혐의가 있는 사람을 잡음

18 **遞** 갈마들 **체**

획수: **14** 부수: **辶** >>> 형성문자

辶 + 虒(치)

遞減(체감) 등수를 따라 차례로 감함

遞信(체신) 순차로 여러 곳을 거쳐서 소식이나 편지를 전하는 일

交遞 (교체) 서로 번갈아 듦

국어 실력으로 이어지는 수(秀) 한자: 2급 하

19

逐 쫓을 축

획수: **11** 부수: **辵**　　　　　>>> 회의문자

辶 + 豕[돼지] (→ 짐승을 에워싸 쫓음의 뜻)

逐出(축출) 쫓아냄
角逐(각축) 서로 이기려고 맞서 다툼
驅逐(구축) 몰아 쫓아냄

20

透 통할 투

획수: **11** 부수: **辵**　　　　　>>> 형성문자

辶 + 秀(수) (→ 秀의 전음이 음을 나타냄)

透過(투과) 빛이나 방사선이 물체를 뚫고 지나감
透明(투명) 속까지 환히 비쳐 보임
透視(투시) 속에 있는 것을 환히 꿰뚫어 봄
透徹(투철) 사리가 분명하고 뚜렷하거나 사리에 어긋남이 없이 철저함
浸透(침투) 스미어 젖어 듦

21

遍 두루 편

획수: **13** 부수: **辵**　　　　　>>> 형성문자

辶 + 扁(편)

遍歷(편력) ❶ 이곳저곳으로 두루 돌아다님
　　　　　　 ❷ '여러 가지 경험을 함'의 비유
遍在(편재) 두루 퍼져 있음
普遍(보편) ❶ 모든 것에 두루 미침
　　　　　　 ❷ 모든 사물에 공통되는 성질

22

還 돌아올 환

획수: **17** 부수: **辵**　　　　　>>> 형성문자

辶 + 睘(환)

'睘'은 '돌다'의 뜻. 한 바퀴 돌아서 오다, 돌아오다의 의미

還甲(환갑) 나이 '61세'를 가리키는 말
還給(환급) 돈이나 물건 따위를 도로 돌려줌
還收(환수) 도로 거두어들임
還元(환원) 본래 모습으로 되돌아감
返還(반환) ❶ 도로 돌려줌
　　　　　 ❷ 되돌아오거나 되돌아 감
生還(생환) 살아서 돌아옴

3, 4급

23 　過 지날 과
　　획수: **13** 부수: **辵**　　　　　　　　　>>> 형성문자
　　辶 + 咼(과)

　　過渡(과도) / 過失(과실) / 過猶不及(과유불급) / 過程(과정) /
　　改過遷善(개과천선) / 經過(경과)

24 　達 통할 달
　　획수: **13** 부수: **辵**　　　　　　　　　>>> 형성문자
　　辶 + 㚜 (달)

　　達觀(달관) / 達辯(달변) / 達成(달성) / 達筆(달필) / 到達(도달) / 通達(통달)

25 　逃 달아날 도
　　획수: **10** 부수: **辵**　　　　　　　　　>>> 형성문자
　　辶 + 兆(조) (→ 兆의 전음이 음을 나타냄)

　　逃亡(도망) / 逃避(도피)

26 連 이을 련

획수: **11** 부수: **辶**　　　　　　　　　　　　　　>>> 회의문자

辶 + 車[수레] (→ 수레가 잇달아 달림을 나타냄)

連結(연결) / 連帶(연대) / 連勝(연승) / 連任(연임) / 連坐(연좌) / 關連(관련)

27 返 돌이킬 반

획수: **8** 부수: **辶**　　　　　　　　　　　　　　>>> 형성문자

辶 + 反(반)

返納(반납) / 返送(반송) / 返品(반품) / 返還(반환)

28 邊 가 변

획수: **19** 부수: **辶**　　　　　　　　　　　　　　>>> 형성문자

辶 + 臱(면) (→ 臱의 전음이 음을 나타냄)

江邊(강변) / 身邊(신변) / 底邊(저변)

29 逢 만날 봉

획수: **11** 부수: **辶**　　　　　　　　　　　　　　>>> 형성문자

辶 + 夆(봉)

逢變(봉변) / 逢着(봉착) / 相逢(상봉)

30 選 가릴 선

획수: **16** 부수: **辶**　　　　　　　　　　　　　　>>> 형성문자

辶 + 巽(손) (→ 巽의 전음이 음을 나타냄)

選擧(선거) / 選別(선별) / 選定(선정) / 選擇(선택) / 選好(선호) / 當選(당선)

31 **送** 보낼 송

획수: **10** 부수: **辶**　　　　　　　　　　　>>> 회의문자

辶 + 关[龰(잉)]

'龰(잉)'은 양손으로 밀어 올린 모양. 물건을 바치듯이 보내다의 뜻

送舊迎新(송구영신) / **送金**(송금) / **送別**(송별) / **送還**(송환) / **放送**(방송) /
輸送(수송)

32 **述** 지을 술

획수: **9** 부수: **辶**　　　　　　　　　　　>>> 형성문자

辶 + 朮(술)

述懷(술회) / **詳述**(상술) / **著述**(저술) / **陳述**(진술)

33 **逆** 거스를 **역**

획수: **10** 부수: **辶**　　　　　　　　　　　>>> 형성문자

辶 + 屰(역)

逆謀(역모) / **逆說**(역설) / **逆轉**(역전) / **逆行**(역행) / **拒逆**(거역)

34 **迎** 맞을 **영**

획수: **8** 부수: **辶**　　　　　　　　　　　>>> 형성문자

辶 + 卬(앙) (→ 卬의 전음이 음을 나타냄)

迎賓(영빈) / **迎接**(영접) / **迎合**(영합) / **歡迎**(환영)

35 **遇** 만날 우

획수: **13** 부수: **辶**　　　　　　　　　　　>>> 형성문자

辶 + 禺(우)

待遇(대우) / **不遇**(불우) / **禮遇**(예우)

국어 실력으로 이어지는 수(秀) 한자: 2급 하

36

遊 놀 유

획수: **13** 부수: **辵** 　　　　　　　　　　>>> 형성문자

辶 + 斿(유)

遊牧(유목) / 游說(유세) / 遊學(유학) / 遊興(유흥) / 遊戲(유희)

37

遺 남길 유

획수: **16** 부수: **辵** 　　　　　　　　　　>>> 형성문자

辶 + 貴(귀)

'貴'는 물건을 보내다의 뜻. 파생하여 '남기다'의 의미를 나타냄

遺憾(유감) / 遺稿(유고) / 遺棄(유기) / 遺失(유실) / 遺言(유언) / 遺族(유족)

38

逸 달아날 일

획수: **12** 부수: **辵** 　　　　　　　　　　>>> 회의문자

辶 + 兎[토끼] (→ 토끼가 재빠르게 도망침의 뜻)

逸脫(일탈) / 逸品(일품) / 逸話(일화) / 安逸(안일)

40

造 지을 조

획수: **11** 부수: **辵** 　　　　　　　　　　>>> 형성문자

辶 + 告(고) (→ 告의 전음이 음을 나타냄)

造景(조경) / 造船(조선) / 造作(조작) / 造化(조화) / 改造(개조) / 構造(구조)

41

進 나아갈 진

획수: **12** 부수: **辵** 　　　　　　　　　　>>> 회의문자

辶 + 隹[새] (→ 새가 앞으로 나아간다는 뜻)

進路(진로) / 進步(진보) / 進展(진전) / 進退兩難(진퇴양난) / 昇進(승진) / 促進(촉진)

42 追 따를 추[1] / 갈 퇴[2]
획수: **10** 부수: 辵   >>> 형성문자
辶 + 𠂤(퇴)

追加(추가) / 追慕(추모) / 追放(추방) / 追憶(추억) / 追從(추종) / 追徵(추징)

43 退 물러날 퇴
획수: **10** 부수: 辵   >>> 회의문자
辶[걸음] + 日 + 夊
태양이 천천히 서녘으로 지는 모양

退步(퇴보) / 退職(퇴직) / 退陣(퇴진) / 退化(퇴화) / 辭退(사퇴) / 後退(후퇴)

44 避 피할 피
획수: **17** 부수: 辵   >>> 형성문자
辶 + 辟(벽)
'辟'은 옆으로 비키다의 뜻

避亂(피란) / 忌避(기피) / 待避(대피) / 回避(회피)

국어 실력으로 이어지는 수(秀) 한자: 2급 하

제13장
숫자와
필획 관련 부수

207

一 한 일

반듯하게 그어진 선 하나를 표현한 글자이다.

2급

1

丘 언덕 구
획수: **5** 부수: **一**　　　　　　　　　　　　　　　>>> 상형문자
사방이 높고 중앙이 낮은 언덕의 모양

丘陵(구릉) 언덕. 나직한 산
砂丘(사구) 모래 언덕

3, 4급

2

丙 남녘 병
획수: **5** 부수: **一**　　　　　　　　　　　　　　　>>> 상형문자
책상의 모양

丙時(병시)

3

丈 어른 장
획수: **3** 부수: **一**　　　　　　　　　　　　　　　>>> 상형문자
긴 막대기를 손에 든 모양을 본뜸

丈夫(장부) / **丈人**(장인) / **春府丈**(춘부장)

4　　丁 넷째천간 **정**
획수: **2** 부수: 一　　　　　　　　　　　　>>> 상형문자
긴 막대기를 손에 든 모양을 본뜸

丁男(정남) / **丁寧**(정녕) / **丁時**(정시) / **壯丁**(장정)

5　　且 또 **차**
획수: **5** 부수: 一　　　　　　　　　　　　>>> 상형문자
받침 위에 신(神)에게 바칠 희생을 겹쳐 쌓은 모양

且置(차치) / **苟且**(구차) / **重且大**(중차대)

6　　丑 둘째지지 **축**
획수: **4** 부수: 一　　　　　　　　　　　　>>> 지사문자
又[손]으로 물건을 나타내는 丨을 뜨다의 의미

丑時(축시)

208

二 두 이

가로로 된 선 두 개로 2를 표현한 글자이다.

2급

1

互 서로 호

획수: **4** 부수: 二   >>> 상형문자

새끼줄을 감은 것의 모양

互角之勢(호각지세) 서로 뿔을 맞대고 있는 기세. '서로 엇비슷한 세력'을 이름
互惠(호혜) 서로 도와 편익(便益)을 주고받는 은혜
互換(호환) 서로 교환함
相互(상호) 서로

3, 4급

2

亞 버금 아

획수: **8** 부수: 二   >>> 상형문자

고대의 주거(住居)의 모양

亞流(아류) / **亞聖**(아성) / **東亞**(동아)

3

于 어조사 우

획수: **3** 부수: 二   >>> 지사문자

호흡이 자유롭지 못해 자라지 못하는 모양

于歸(우귀)

4

云 이를 운

획수: **4** 부수: **二**　　　　　　　　　　　　>>> 상형문자

구름이 하늘로 솟아오르는 모양. '이르다'의 뜻으로 쓰이는 것은 음의 차용

云謂(운위)

5

井 우물 정

획수: **4** 부수: **二**　　　　　　　　　　　　>>> 상형문자

우물의 난간을 나타냄

井中觀天(정중관천) / **市井**(시정) / **油井**(유정)

八 여덟 팔

무언가 둘로 나눠진 모습을 표현한 글자이다.

2급

1

兮 어조사 **혜**
획수: **4** 부수: **八**　　　　　　　　　　　　　>>> 회의문자
八 + 丂

3, 4급

2

兼 겸할 **겸**
획수: **10** 부수: **八**　　　　　　　　　　　>>> 회의문자
두 줄기의 벼[禾]를 쥐고 있는 모양. 아울러 가짐을 의미함

兼備(겸비) / **兼業**(겸업) / **兼任**(겸임)

3

公 공변될 **공**
획수: **4** 부수: **八**　　　　　　　　　　　　>>> 회의문자
厶[나] + 八[배반]
사심을 떨쳐 버리는 뜻

公共(공공) / **公益**(공익) / **公正**(공정) / **公職**(공직) / **公平**(공평)

4 具 갖출 구
획수: **8** 부수: **八** >>> 형성문자
目[=貝] + 廾(공)
'貝'는 조개, '廾'는 양손으로 바치다의 뜻. '갖추다'의 뜻을 나타냄

具備(구비) / **具現**(구현) / **器具**(기구) / **道具**(도구)

5 其 그 기
획수: **8** 부수: **八** >>> 상형문자
곡식을 까부는 키의 상형. 가차하여, '그'의 뜻으로 쓰임

其他(기타)

6 兵 군사 **병**
획수: **7** 부수: **八** >>> 회의문자
廾 + 斤
두 손[廾]으로 도끼[斤]를 잡고 있는 모습. '무기'의 뜻을 나타낸다

兵器(병기) / **兵法**(병법) / **兵役**(병역) / **兵卒**(병졸) / **出兵**(출병)

7 典 법 **전**
획수: **8** 부수: **八** >>> 회의문자
冊 + 廾
책[冊]을 두 손[廾]으로 받들고 있는 모습으로 중요한 책을 뜻한다

典範(전범) / **典型**(전형) / **古典**(고전) / **辭典**(사전) / **祭典**(제전)

210 十 열 십

바늘을 본뜬 글자.
'針(침)'의 원자(原字)인데 가차하여 수의 열의 뜻으로 쓰인다.

2급

1 **卑** 낮을 **비**
획수: **8** 부수: **十**　　　　　　　　　　　　　　　>>> 상형문자
손잡이가 있는 둥근 술통에 손을 댄 모양
전하여 '천하다'의 뜻을 나타냄

卑怯(비겁) 비열하고 겁이 많음
卑屈(비굴) 용기가 없고 비겁함
卑劣(비열) 성품이나 행동이 천하고 용렬함
卑賤(비천) 신분이 낮고 천함
尊卑(존비) 지위, 신분의 높음과 낮음

2 **升** 되 **승**
획수: **4** 부수: **十**　　　　　　　　　　　　　　　>>> 회의문자
斗에 一획을 더하여 되로 떠올림의 뜻

斗升(두승) ❶ 말과 되
　　　　　　❷ 사물을 헤아리는 기준

3

博 넓을 **박**

획수: **12** 부수: **十**   >>> 회의문자

十[많음] + 尃[미침]

널리 미쳐 통함의 뜻

博士(박사) / **博識**(박식) / **博愛**(박애) / **博學多識**(박학다식) / **賭博**(도박)

4

卒 군사 졸[1] / 마칠 졸[2]

획수: **8** 부수: **十**   >>> 회의문자

衣[옷] + 十

병사가 입는 옷의 뜻

卒倒(졸도) / **卒兵**(졸병) / **卒業**(졸업)

5

卓 높을 **탁**

획수: **8** 부수: **十**   >>> 회의문자

匕 + 早

'匕(비)'는 '사람', '早(조)'는 '새벽녘'의 뜻

사람이 동틀 녘의 태양보다 높은 모양에서 '높다'의 의미

卓見(탁견) / **卓越**(탁월) / **卓子**(탁자) / **圓卓**(원탁)

6

協 화할 **협**

획수: **8** 부수: **十**   >>> 형성문자

十 + 劦(협)

協同(협동) / **協力**(협력) / **協助**(협조) / **協奏**(협주) / **妥協**(타협)

제 13 장 숫자와 필획 관련 부수

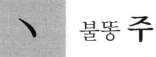

불똥 주

등잔이 탈 때에 일어나는 불꽃을 표현한 글자이다.

3, 4급

1

丹 붉을 **단**

획수: **4** 부수: 丶 　　　　　　　　　　　　>>> 상형문자

단사(丹砂)를 채굴하는 우물을 본뜬 것

丹砂(단사) / **丹脣皓齒**(단순호치) / **丹粧**(단장) / **仙丹**(선단)

2

丸 알 **환**

획수: **3** 부수: 丶 　　　　　　　　　　　　>>> 회의문자

乙 + 匕
'乙(을)'은 양 끝에 날이 있는 조각칼
'匕(비)'는 비수, 날붙이로 둥글린 둥근 알의 뜻

丸藥(환약) / **彈丸**(탄환) / **砲丸**(포환)

ノ 비칠 **별**

오른쪽 위에서 왼쪽 아래로 삐쳐 내린 모습을 표현한 글자이다.

2급

1

乏 떨어질 **핍**

획수: **5** 부수: ノ   >>> 지사문자

正의 반대의 모양으로 부정(不正)에서 생기는 부족을 뜻함

缺乏(결핍) 있어야 할 것이 없거나 모자람
窮乏(궁핍) 곤궁(困窮)하고 가난함
耐乏(내핍) 가난이나 물자의 부족을 참고 견딤

3, 4급

2

久 오랠 **구**

획수: **3** 부수: ノ   >>> 지사문자

人 + ㇕

사람을 뒤로부터 잡고 오랫동안 놓지 않는 모양. 전하여, 시간의 경과를 뜻함

耐久(내구) / **永久**(영구) / **悠久**(유구) / **長久**(장구) / **持久**(지구) / **恒久**(항구)

3

乃 이에 내

획수: **2** 부수: ノ　　　　　　　　　　　　　>>> 상형문자

모태 내에서 몸을 구부린 태아를 본뜬 모양

乃至(내지) / **人乃天**(인내천)

4

乘 탈 승¹ / 수레 승²

획수: **10** 부수: ノ　　　　　　　　　　　　>>> 회의문자

사람이 나무에 오른 모양

乘船(승선) / **乘勢**(승세) / **乘勝長驅**(승승장구) / **乘車**(승차) / **試乘**(시승) / **便乘**(편승)

5

之 갈 지

획수: **4** 부수: ノ　　　　　　　　　　　　　>>> 상형문자

대지(大地)에서 풀이 자라는 모양

人之常情(인지상정)

6

乎 어조사 호

획수: **5** 부수: ノ　　　　　　　　　　　　　>>> 상형문자

斷乎(단호)

亅 갈고리 궐

위에서 아래로 그어 내린 다음 끝에서 왼쪽으로 삐쳐 올려서 갈고리를 그린 것이다.

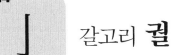

2급

1 **予** 나 여¹ / 줄 여²
획수: **4** 부수: **亅**   >>> 상형문자
서로 주는 모습을 그린 것이다

予一人(여일인) 나도 여느 사람과 다름없는 한 인간임. 임금이 자기 자신을 낮추어 이르는 말

3, 4급

2 **了** 마칠 **료**
획수: **2** 부수: **亅**
두 손이 없는 아이의 모양

修了(수료) / **完了**(완료) / **終了**(종료)